平凡社新書
1037

孤独とつながりの消費論

推し活・レトロ・古着・移住

三浦展
MIURA ATSUSHI

HEIBONSHA

孤独とつながりの消費論●目次

序　消費は今、地下で拡大する

脱消費的消費

この20年余りの間に私たちは所得が上がらなくても楽しく、かつしばしば有意義に暮らす方法を学んだ。バブル時代までの消費行動とは異なる、いわば「脱消費的消費」が拡大・一般化したと言える。

第1は安い物を買うこと。安かろう悪かろうではなく、安くても質が良い物、楽しくて満足感が味わえる物を買う。100円ショップでもセンスの良い物、かわいい物、アイデアの良い物などを買うことができるようになった。

第2は第1と関連するが中古品を買うこと。各種中古品専門店、ネットオークション、ネットフリマ、リアルなフリマや中古店を活用して買うことである。古着などは高級品が1〜2万円で買えることもあるので、とてもお得だ。

第3はタダでもらうこと。実家の遺品の相続もこれに含まれる。今時親や祖父母が亡くなると高度経済成長期やバブル期に購入したさまざまな「良い物」が手に入る。だが昔はみんなが同じような物を買ったので希少価値はない。だからネットで売っても大したお金にはならない。でも使用価値は十分あるし、昔の物のほうが質が良いことも多い。

第4は物を直して使うこと。洋服、鞄などの修理・リフォーム、中古住宅のリノベーション、時計の修理や金継ぎなど、昔と比べると使い捨てが減り、物を直して使うことが増えた。修理はお金がかかり、大衆品の新品を買うほうが安いが、長く使って愛着がある物だと、お金をかけても直す人が増えたのである。金継ぎなどは、自分で物を直すという行為によって心が静かに落ち着くという効果もあり、忙しい毎日を送っている現代人にとっては一種の癒しでもある。

50年前のステレオでも修理すればいい音がする。というか昔の物のほうがデジタルの音より良いという人もいる（私もそうだ）。そういうことに私たちは気づいてしまった。すぐに壊れる最近の製品よりもずっと愛着が湧く。したがって物を修理して使うことにも私たちはよろこびを感じるようになった。SDGs的にもそれが正しい。

古着も、ブランド物でなくても、昔の物は質の良い糸や生地を使い職人が丁寧に縫製していることが多く、そうした物に触るだけでも幸せで、高い満足感が得られる。電気製品も昔の物はなかなか壊れない。

第5は自分で物が売れること。中古品は安く買った物でも、売るときには買った値段かそれ以上で売れるかもしれないというメリットがあることに私たちは気づいた。ファッションもLPレコードもマンションも何でもそうだ。家族が聴いていた1980年代のシティポップのLPがネットで売れば2万円以上になるかもしれないのだ。

第6は自分でつくること。今までは買っていた梅酒でも、ふと隣の家の庭を見ると梅の実がなっている。それをもらって梅酒を自分でつくれば楽しい。梅干しでもいい。かりん酒でもいいし、ゆずのジャムでもいい。大豆を買って味噌をつくる人も増えた。もちろん家庭菜園や市民農園で野菜をつくる人も増えている。シェア畑も人気だ。

第7に物をあげたりもらったり、交換したりすることが増えた。昔は醬油や味噌の貸し借りを隣同士でしたそうだが、今は自分でつくった味噌（手前味噌）を知人にあげる人がいる。味は売っている物にかなわないかもしれないが、自分でつくった味噌だといえば話題にもなる。昔で言うお裾分けである。そういうことをする人が増えた。

つまり私たちは近年、単に物を消費するのではない、物との新しい関わり方を通じて、いわば愛やよろこびを感じられ、しばしば利益にもなることを知ったのだ。

趣味的消費

また最近は特定のタレントをひいきにする「推し」という行動が定着した。たとえば坂道系やジャニーズ系のアイドルのうち誰か一人を特に「一推し」して応援する消費である。推しの対象は、俳優、お笑い、スポーツ選手、地下アイドルなどなどに及び、あるいはアニメキャラクター、ゆるキャラのぬいぐるみでもよい。

推し活は、自分が誰かを推す（愛する・応援する）とともに、推しているタレントからの愛を求めるところがある。推し活や応援消費は自分が応援すると同時に相手から応援されるという相互感覚が大事なのではないかと思われる。

昔からある歌舞伎役者や宝塚のスターに対するファンの活動は、今なら推し活と言えるものだが、今はもっと多くの世代に多様な推し活が生まれているとも言える。

本書のもう一つの大きなテーマは昭和レトロである。レトロというと、以前は中年男性が自分の少年時代の昭和30年代サブカルを懐かしむものが多かったが、今は平成生まれの女子が未知の文化として昭和を楽しんでいる。

聞いた話では、こうしたレトロ志向はすでに親から子に継承されているらしく、つまり昭和30年代、40年代を懐かしんだ世代の子どもが、親からの影響もあって、幼少期から昭和文化に慣れ親しみ、長じても自ら昭和文化を探訪するようになっているという。

実際、私がある集まりで出会った女性も、22歳なのに10年前から旅館・料亭などの昭和建築探訪をしているというのでびっくりした。よく聞くと親の影響だという。

またマンガやＹｏｕＴｕｂｅなどの影響も多大であり、彼女もマンガで遊廓を知り、遊廓建築への関心を強めたらしい（第4章）。

またソーシャルメディア、ネット通販、フリマアプリなどの普及により多様で大量な情報が即座に入るようになり、若者でもかなりディープな情報を映像や動画で体験でき、現物を入手できるようになったので、従来ならマニア・おたく的と言われた行動がまったく一般的に行われるようになり、かなりニッチな趣味関心までもが多くの人々に広がりを見せるようになったのだろう。

このように現代の消費の対象は、従来のように自動車、ファッションなどの分野に向かわず、向かったとしても古着など中古製品の消費が増え、最新の商品への関心が薄らいでいる。ＹｏｕＴｕｂｅで見るのも40年前のシティポップや50年前のロックや70年前のジャズかもしれない。中古なのだ。そしてストリーミングでダウンロードした音楽をカセットテープにダビングして、おじいちゃんの遺品の会議用モノラルカセットテープレコーダーで、わざわざ悪い音で聴くのが楽しいという若者もいる。そういう中古消費も今回の調査の対象であるが、本書ではその中から古着消費をクローズアップした（第5章）。

孤独であるほど消費が増える

また今回アンケート調査をしてみると推し活心理やレトロ志向の深層にはしばしば孤独感があることがわかる。三菱総合研究所が毎年全国3万人を対象に行っている「生活者市場予測システム」によると、全体の21％が「孤独を感じる」と回答している（「とても感じる」5・2％と「感じる」15・6％の合計。以下同）。特に20歳から39歳の女性では孤独を感じる人が多い（図表0－1）。人口の5人に1人、若い女性では4人に1人くらいが孤独を感じているわけである。これは後述するように、孤独感が未婚や一人暮らしという状態によって大きく規定されるからである。逆に男性は40代になっても未婚や一人暮らしが女性より減らないので、孤独を感じる人も減りにくい。そしてこの孤独感を軸にして消費を分析すると、孤独であるほど消費が増える分野が数多くあることがわかった。

孤独が消費を増やすのだ！　孤独というのは人間心理の地下部分にあるとも言え

●若い女性で多い孤独感

図表0-1　孤独を感じるか(20―69歳)

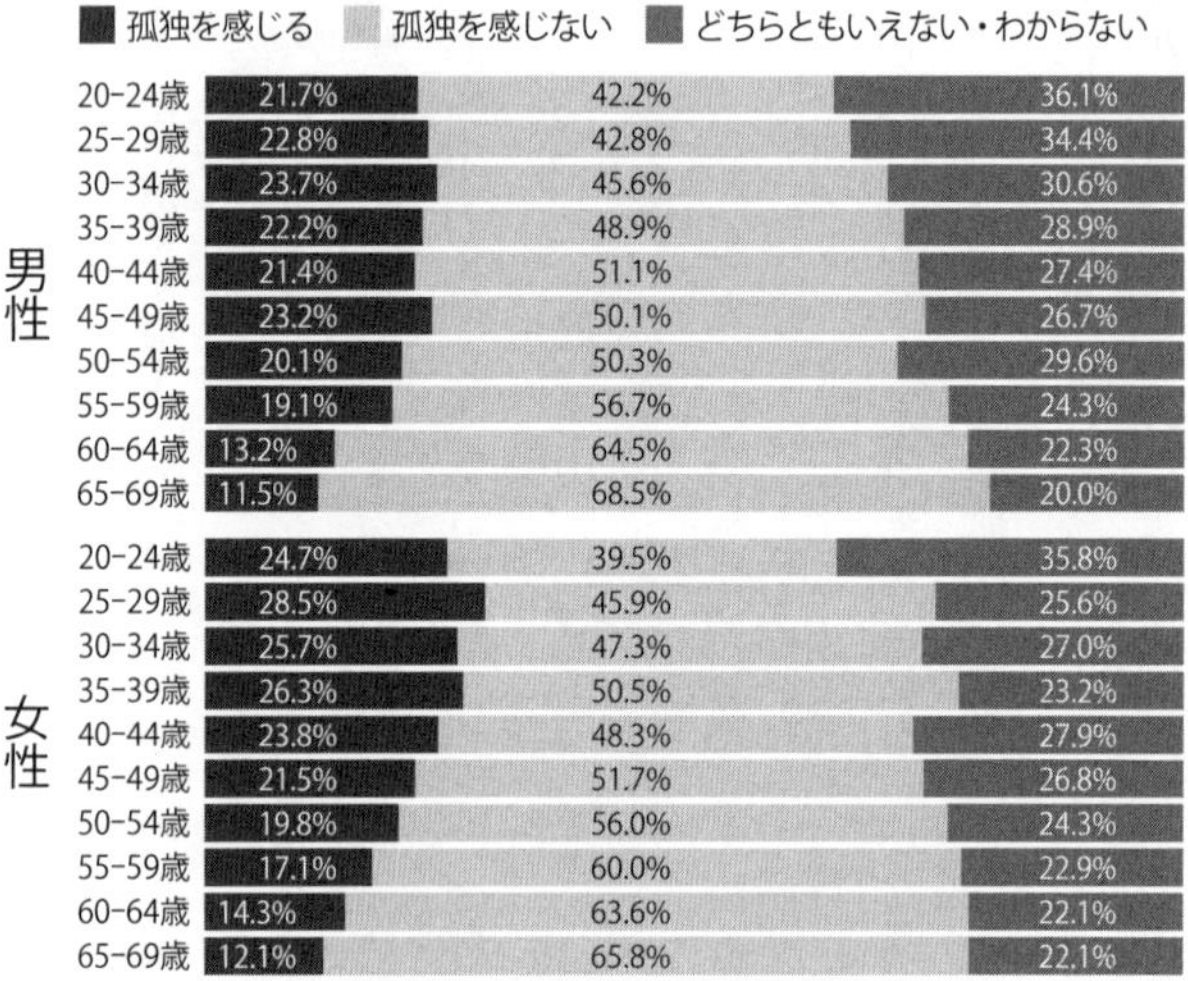

資料：三菱総合研究所「生活者市場予測システム」2022年

るので、そういう意味でも消費が地下化していると言うことができよう。

「推し活」「昭和レトロ」などの消費についても孤独との相関がある。1980年代まででであれば男女ともに異性にモテるために消費をした面が大きかったのが、今ではモテるための消費は縮小し、孤独を解消する・紛らわすための消費が拡大していると言えそうなのだ。

また今回のアンケートの調

査内容にはなかったが、最近じわじわ増えてきている若者の地方移住についても本書で触れた（第5章）。この移住についても孤独との相関がある。

地下化する消費

趣味的消費も脱消費的消費も、個人的かつ不要不急の消費である。だから消費社会の前面には出にくい。そもそも消費かどうかも怪しい面もある。たしかにいくばくかのお金はかけているのだが、いわゆる消費行動に見えない。

また、かつてのようにクルマや家や家電やファッションを買った消費、しかもできるだけ高級なものを買おうとした消費とは異なり、趣味的消費も脱消費的消費も、誰もが目で見て知っているような消費ではない。タワーマンションやＢＭＷやルイ・ヴィトンのように目立たないのである。スマホの中でほぼ完結する消費もあるので、ますます目立たない。だがたしかに消費はされていて、すでにそれぞれがそれなりに大きな市場を形成している。

それはいわば「地下消費」である。流行が細分化し地下化しているとも言える

（「現代の闇市」かもしれない）。なにしろ暗渠《あんきょ》やマンホールの蓋を見るために全国を旅する人がいるのである。まさに地下的だ！　このように地下消費が同時多発的に流行するのが現代の消費社会であると言える。

シン家計調査

では具体的に誰がこうした「脱消費的消費」や「趣味的消費」をしているのか。それぞれの消費金額はいくらなのか。これがわからない。総務省「家計調査」の費目は基本的に衣食住遊知のような分類になっている。つまり商品・サービス分類ごとの消費がわかる。

だが推し活でお金を使うのはCD、ライブ、パンフ、Tシャツなどなど多様なので「家計調査」では集計できない。新品の商品を買ったのか中古で買ったのかもわからない。野菜を買った金額はわかるが、それを漬物にしたかどうかもわからない。あげたり、もらったりしたものがどれくらいあるかもわからない。単に夏だからユニクロのTシャツを買ったのか、アイドルのライブに行ってアイドルのグッズのT

シャツを買ったかでは消費者にとって意味が違う。CDでも本でも供給側の統計はあるが、それがたとえば「推し」の一環としての消費なのかはわからない。

そこで本書では「シン家計調査」と銘打ったアンケートを実施した。調査の目的は、前述のような〝意味の違い〟で消費を分類して消費額を調べるとともに、その消費の背景にあるものを考えることである。

本書で分析したのは、調査全体のほんの一部であるが、どういう人がこれらの消費行動をしているのかを、特に「昭和レトロ」「古着」「推し活」などを中心に詳しく見ていく。

また、流行的消費行動、中古品購買、修理費についての回答を基にして、それぞれの市場規模を推定した。

質問は次ページの見開きの通りであるが、本書では紙幅の都合によりその一部だけを分析・紹介している。他の質問の結果などについて知りたい方は左記までご連絡をいただければと思う。

株式会社カルチャースタディーズ研究所　広報担当　irai@culturestudies.jp

Q 3　以下のもので、過去５年であなたが人からもらった（相続した）ことがあるものがあれば教えてください。Ｙ / Ｎ

①洋服
②着物
③家具
④インテリア・雑貨・照明器具
⑤時計
⑥家電
⑦家庭用品・日用品・食器・調理器具
⑧化粧品・シャンプーなど美容用品
⑨家
⑩自動車
⑪自転車
⑫野菜・果物・魚
⑬食品

Q 4　以下のもので、過去５年間であなたがお金をかけて修理したことがあるものがあれば、過去５年間合計のおおよその修理金額を教えてください。

①洋服
なし　１万円以下　１～３万円　３～５万円　５万以上（以下同）
②家具
③インテリア・雑貨・照明器具・食器
④パソコン・スマホ・タブレット
⑤家電・ＡＶ機器・時計
⑥家
⑦自動車
⑧自転車

Q 5　以下のもので、過去５年間であなたが自分で作ったことがあるものがあれば教えてください。Ｙ / Ｎ

①梅干
②梅干以外の漬物・ピクルス
③梅酒
④梅酒以外の果実酒
⑤洋服
⑥編み物・刺繍
⑦家具・インテリア
⑧家庭菜園・市民農園などでの野菜・果物
⑨雑貨・文房具・バッグ・人形
⑩家（新築だけでなく、改装やリノベーションを含む。建築家・大工などの専門家を使った場合でも、設計やデザインのアイデアを自分で積極的におこなった場合に限る。単に自分の希望を設計者に知らせただけの場合は含まない）

Q 6　あなたの最終学歴を教えてください。（SA）

①大学院・４年制大学（大学全体の上位３分の１）
②４年制大学（大学全体の中位３分の１）
③４年制大学（大学全体の下位３分の１）
④短大・専門・高専
⑤高校・中学

【調査概要】

1．調査名：カルチャースタディーズ研究所「シン家計調査」
2．調査主体：株式会社カルチャースタディーズ研究所
3．調査時期：2023年１月
4．調査対象：三菱総合研究所「生活者市場予測システム」ベーシック調査2022年版への追加調査 20～69歳1500人
5．調査方法：WEB 調査

【質問内容】

Q１　以下の「～関連」について、あなた個人の過去５年間合計のおおよその消費金額を教えてください。いずれも、映画・コンサート・ライブ・観戦料・入場料・雑誌・本・ＣＤ・ダウンロード・グッズ・旅費・交通費・食費・器具・用具などすべての合計を教えてください。
それぞれの「～関連」には買った物がダブることもあると思いますが、ダブってかまいません。

①アイドル・推し活関連
千円未満（ほとんどなし、なし）　千～５万円未満　５万円～10万円未満　10万円～20万円未満　20万円以上（以下同）
②韓流関連
③ダンス関連
④マンガ・アニメ・ゲーム関連
⑤歌舞伎・能・狂言・小唄・長唄など伝統芸能関連
⑥漫才・落語・寄席などお笑い関連
⑦戦国武将・刀剣など歴史関連
⑧昭和喫茶・昭和歌謡・昔の建築などレトロ関連
⑨神社・お寺・占い・おみくじ・御朱印など信仰関連
⑩クラウドファンディング関連
⑪サッカー関連
⑫野球関連
⑬サッカー、野球以外のスポーツ関連
⑭趣味の料理・お菓子作り関連
⑮被災地・コロナで苦労している人などへの応援関連
⑯農業・家庭菜園関連
⑰キャンプ・アウトドア関連
⑱音楽・ロックフェス・コンサート関連
⑲美術・アート・骨董品関連
⑳散歩・街歩き関連
㉑健康関連
㉒美容関連（ただし医療は除く）
㉓サウナ・銭湯
㉔バー・ウイスキー・ワイン・地酒などお酒関連
㉕その他特定の趣味・娯楽・文化・社会関連

Q２　以下の中古品の項目について、あなた個人の過去５年間合計のおおよその消費金額を教えてください。あなた自身のために支出したものに限ります。

①古着
千円未満（ほとんどなし、なし）　千～５万円未満　５万円～10万円未満　10万円～20万円未満　20万円以上（以下同）
②中古家具・古道具・骨董品
③中古パソコン・スマホ・タブレット
④中古家電・ＡＶ機器・美容器具
⑤中古の家庭用品・日用品・食器・調理器具
⑥古本・古雑誌
⑦使用途中の化粧品

趣味的消費の市場規模は約5兆円

具体的分析に入る前に各市場の規模を推定しておく。Q1では趣味的消費行動、Q2以下では脱消費的行動について5年間の消費額を聞いた。

その結果に基づき、1年間平均の市場規模を推計する。そのため5年間で千円未満（ほとんどなし、なし）と回答した人は年間100円を消費、千～5万円未満は年間5000円、5万円以上～10万円未満は年間15000円、10万円以上～20万円未満は年間3万円、20万円以上は年間6万円を消費すると仮定した。

次にその仮定に基づき各年齢のサンプル全体が1年間にいくら消費したかの総額を計算し（年間消費額）、そこから調査サンプル1人当たり平均消費額を計算した（図表0－2）。

最後に1人当たりの消費額に総務省統計局の2023年1月1日の年齢別推計人口を掛け合わせて、その年齢全体の市場規模を求めた。すべての費目を計算した市場規模が図表0－3である。20代と50代の差が大きい順に並べてある。

20歳未満と70歳以上を含めた市場規模は単純に人口比で言えば1・64倍である。だが今回は自分のために消費した額だけ聞いているので、たとえば親が子どものために消費した分を聞いていない。そこまで含めると倍率が増える。おそらく以下の数字を1・5倍から2・5倍くらいにした程度が全人口の消費額であろう。また倍率は当然費目によって異なる。

たとえば矢野経済研究所が算出したアニメ市場の規模は2800億円、公益社団法人全国出版協会・出版科学研究所によるとマンガの紙媒体・電子媒体合計の市場は6759億円である。マンガ・アニメ市場についての私の推定は3580億円だが、20歳未満や70歳以上の市場も大きいだろうから、概ね市場規模を推計できていると思われる。

趣味的消費の1人当たり年間消費額を推計しそこから市場規模を20代で多い順に並べたのが図表0－2、20代が60代に対して何倍あるかの順に並べたのが図表0－3である。

まず1人当たり消費額で最も年齢差があるのはアイドル・推し活関連で次点の30

●20代は趣味的消費が多い

図表0-2　趣味的消費 年齢別1人当たり年間消費額　(円。20代で多い順)

	全体	20代	30代	40代	50代	60代
アイドル・推し活関連	3,019	6,566	3,536	2,677	2,158	964
マンガ・アニメ・ゲーム関連	4,706	6,309	7,073	6,045	3,266	1,349
美容関連(ただし医療は除く)	7,266	6,004	6,929	7,850	7,302	7,920
その他特定の趣味・娯楽・文化・社会関連	7,137	4,349	4,857	6,119	8,816	10,765
音楽・ロックフェス・コンサート関連	3,516	4,199	4,171	3,972	3,237	2,144
バー・ウイスキー・ワイン・地酒などお酒関連	6,153	3,897	4,237	6,202	8,140	7,402
趣味の料理・お菓子作り関連	2,408	3,644	2,179	2,576	1,845	2,044
健康関連	6,733	3,531	4,390	6,388	8,022	10,447
神社・お寺・占い・おみくじ・御朱印など信仰関連	2,451	3,034	1,736	2,358	2,411	2,766
散歩・街歩き関連	2,661	2,965	2,352	2,986	2,238	2,811
サウナ・銭湯	2,303	2,835	1,783	2,455	2,462	1,965
キャンプ・アウトドア関連	2,074	2,765	1,751	2,609	1,517	1,822
野球関連	1,650	2,517	1,624	1,829	1,466	948
韓流関連	913	2,372	904	923	462	208
クラウドファンディング関連	1,004	2,227	1,237	912	385	594
美術・アート・骨董品関連	1,432	2,095	1,293	997	1,178	1,802
漫才・落語・寄席などお笑い関連	864	2,043	908	543	441	696
サッカー、野球以外のスポーツ関連	1,684	1,961	1,121	1,849	1,977	1,426
サッカー関連	1,365	1,928	1,646	1,956	897	503
戦国武将・刀剣など歴史関連	770	1,890	720	643	396	456
ダンス関連	808	1,837	686	586	328	873
被災地・コロナで苦労している人などへの応援関連	995	1,725	799	948	730	927
昭和喫茶・昭和歌謡・昔の建築などレトロ関連	768	1,713	784	698	415	454
農業・家庭菜園関連	1,410	1,710	957	943	1,202	2,353
歌舞伎・能・狂言・小唄・長唄など伝統芸能関連	743	1,587	885	515	337	644

資料：カルチャースタディーズ研究所「シン家計調査」2023

図表0-3　趣味的消費の市場規模　（億円。20代と60代の倍率順）

	全体	20代	30代	40代	50代	60代	20代／60代
韓流関連	694	300	123	160	81	31	965%
アイドル・推し活関連	2,297	829	480	463	380	144	576%
マンガ・アニメ・ゲーム関連	3,580	797	961	1,045	576	202	395%
戦国武将・刀剣など歴史関連	586	239	98	111	70	68	351%
サッカー関連	1,039	243	224	338	158	75	324%
昭和喫茶・昭和歌謡・昔の建築などレトロ関連	584	216	106	121	73	68	319%
クラウドファンディング関連	764	281	168	158	68	89	317%
漫才・落語・寄席などお笑い関連	657	258	123	94	78	104	248%
野球関連	1,255	318	221	316	258	142	224%
歌舞伎・能・狂言・小唄・長唄など伝統芸能関連	565	200	120	89	59	96	208%
ダンス関連	615	232	93	101	58	130	178%
音楽・ロックフェス・コンサート関連	2,675	530	566	687	571	320	166%
被災地・コロナで苦労している人などへの応援関連	757	218	108	164	129	138	157%
趣味の料理・お菓子作り関連	1,832	460	296	445	325	305	151%
キャンプ・アウトドア関連	1,578	349	238	451	267	272	128%
サウナ・銭湯	1,752	358	242	424	434	294	122%
サッカー、野球以外のスポーツ関連	1,281	248	152	320	349	213	116%
美術・アート・骨董品関連	1,089	265	176	172	208	269	98%
神社・お寺・占い・おみくじ・御朱印など信仰関連	1,865	383	236	408	425	413	93%
散歩・街歩き関連	2,025	375	319	516	395	420	89%
美容関連（ただし医療は除く）	5,527	758	941	1,357	1,287	1,183	64%
農業・家庭菜園関連	1,072	216	130	163	212	352	61%
バー・ウイスキー・ワイン・地酒などお酒関連	4,681	492	575	1,072	1,435	1,106	45%
その他特定の趣味・娯楽・文化・社会関連	5,429	549	660	1,058	1,554	1,608	34%
健康関連	5,122	446	596	1,104	1,414	1,561	29%
合計	49,321	9,560	7,952	11,337	10,864	9,603	

資料：カルチャースタディーズ研究所「シン家計調査」2023

代の2倍近い。

次いでマンガ・アニメ・ゲーム関連だがこれは30代のほうが多いし、40代も多い。

美容関連は40代以上が多い。

次は、その他特定の趣味などの消費で、これは60代が多い。

音楽・ロックフェス・コンサート関連は20代、30代、40代で多く、あまり差はない。団塊ジュニア世代以下で広く普及した趣味だと言える。

バー・ウイスキー関連はやはり50代で多かった。40〜60代中心である。

趣味の料理・お菓子は20代で多いが、これは生活ではなく「趣味」だからである。

健康関連は60代が圧倒、きれいに加齢によって増加する。

神社・おみくじなど信仰関連は20代が最多である！　たしかに最近は神社で若者をたくさん見かける。

散歩関連はあまり年齢差はないが20代と40代が最多だった。

流行のサウナは20代で多く40〜50代がそれに次ぐ。

野球関連、韓流関連、漫才などお笑い関連、歴史関連、ダンス関連、レトロ関連、伝統芸能関連は20代が圧倒的。若者はサッカーから野球に関心が移行しつつあるようだ。

クラウドファンディング関連（注）、応援関連も20代が突出している。これは利他的価値観が強いのか、生活に追われていないからなのかなど詳細は後述する。

農業・家庭菜園関連は60代が多いが、次は20代という意外な結果になった。市民農園で野菜作りをしているある人に聞くと、その農園に20代男子数名がやってきてキャッキャ言いながら作業をしているという。シェアハウスやシェアキッチンなどのシェアスペースで利用者が仕事以外の趣味の活動を一緒にする「部活動」というものが流行っているが、その中に必ずと言ってよいほど園芸部があり、食物や花を育てる活動をしている。もちろん本格的に就農する若者も増えているし、就農まで行かなくて、たまに地方に行って農作業を手伝うような人も増えている。そうした社会情勢の変化により、若い人が農業・家庭菜園に親しむことが増えたのであろう。

自然と触れあうという意味では農業と関連するが、キャンプ・アウトドアは40代でも多いが最多は20代である。ソロキャンプの流行などの影響もあろう。

市場規模が最も大きいのは美容関連で5527億円、次にその他特定の趣味・娯楽・文化・社会関連で5429億円、以下、健康関連5122億円、バー・ウイスキー・ワイン・地酒などお酒関連4681億円、マンガ・アニメ・ゲーム関連3580億円などとなっている。

20代が60代よりも何倍多いかの順番で見ると、最も大きいのは韓流関連であり9・65倍、ついでアイドル・推し活関連が5・76倍、マンガ・アニメ・ゲーム関連3・95倍、以下、戦国武将・刀剣など歴史関連、サッカー関連、昭和喫茶・昭和歌謡・昔の建築などレトロ関連、クラウドファンディング関連が3倍以上である。

また今回想定した趣味的消費の市場規模の合計は4兆9321億円である。もちろん、今回の項目の他にも多数の消費分類がありうるので、すべての趣味的消費の市場を網羅したわけではない。

注：クラウドファンディングとは「群衆（クラウド）」と「資金調達（ファンディング）」を組み合わ

せた造語で、「インターネットを介して不特定多数の人々から少額ずつ資金を調達する」ことを指す。クラウドファンディングは、金融機関からの借入や関係者・ベンチャーキャピタルによる出資とは異なる「手軽さ」、多くの人への「拡がり」が魅力である。「こんなモノやサービスを作りたい」「世の中の問題をこう解決したい」といったアイデアや想いを持つ人は誰でも〝起案者〟として発信でき、それに共感し「応援したい」「モノやサービスを試してみたい」と思った人は誰でも〝支援者〟として支援できる、双方にとっての手軽さがクラウドファンディング最大の特徴である（クラウドファンディング大手企業のキャンプファイアのホームページから要約）。

中古品消費の市場規模は1・1兆円

脱消費的消費の典型としての中古品消費の1人当たり年間消費額は、ほぼすべての費目で20代が最も多く、例外は古着で40代が最多であっただけである（図表0－4）。後述するように40代前半の男性の古着消費額が突出して多いからである。

今回の調査中、市場規模が最も多いのは古着市場であり、2132億円と推定される（図表0－5）。古着市場が拡大している理由の一つにはSDGs問題がある。売れなかった衣料品をメーカーが捨てるのはダメ、買った商品を消費者が捨てるの

図表0-4　中古品消費の１人当たり年間消費額　（円）

１人当たり消費額	全体	20代	30代	40代	50代	60代
古着	2,803	3,155	3,135	3,268	2,189	2,388
中古家具・古道具・骨董品	1,674	2,297	1,802	1,707	1,162	1,597
中古パソコン・スマホ・タブレット	2,402	3,068	2,106	2,566	2,005	2,386
中古家電・ＡＶ機器・美容器具	1,893	2,667	1,906	1,969	1,453	1,656
中古の家庭用品・日用品・食器・調理器具	1,797	2,440	1,762	1,739	1,363	1,863
古本・古雑誌	2,560	2,720	2,535	2,763	2,278	2,543
使用途中の化粧品	1,531	2,147	1,658	1,405	1,180	1,453

資料：カルチャースタディーズ研究所「シン家計調査」2023

図表0-5　中古品消費の年間市場規模推計　（億円）

	全体	20代	30代	40代	50代	60代
古着	2,132	398	426	565	386	357
中古家具・古道具・骨董品	1,273	290	245	295	205	239
中古パソコン・スマホ・タブレット	1,827	387	286	444	353	356
中古家電・ＡＶ機器・美容器具	1,440	337	259	340	256	247
中古の家庭用品・日用品・食器・調理器具	1,367	308	239	301	240	278
古本・古雑誌	1,947	344	344	478	402	380
使用途中の化粧品	1,164	271	225	243	208	217
合計	11,150	2,335	2,024	2,666	2,050	2,074

資料：カルチャースタディーズ研究所「シン家計調査」2023

もダメな社会に向かっているからである。本当にボロボロになるまではリサイクル・リユース・リメイクを続ける社会に向かうのだ。おそらく近年欧米の古着が日本に大量に流入しているのはそのためだろうと思われる。だがＳＤＧｓのためだから、悪いことではない。安くて良い物を買えるのはいいことだ。経済成長しない日本社会の消費者ニーズとＳＤＧｓのニーズがマッチして、繁栄していた時代の日本そして欧米の古着が買われる時代になったのだ。

２０２１年12月に発行された「ＲＥＰＯＲＴ ＯＣＥＡＮ」によると、世界の古着市場は２０２１年から２０２７年に年平均11・１％以上成長すると予測されている。

またセカンドハンドファッション（中古衣料）のＥＣサイトを運営する米国のスレッドアップが米国で実施した調査によると、米国の古着市場は従来型のファッション小売市場の約11倍のスピードで成長しており、２０３０年には８４０億ドル（約11兆円）規模の市場に拡大するという。同じ年に予想されるファストファッション市場規模は、およそ４００億ドル（５・２兆円）なので、２倍以上である。また古着販売により二酸化炭素排出量は新品の服を買うより45トン減るという（「SUSTAINABLE BRANDS日本版」2021年8月6日）。

日本国内では、矢野経済研究所の予測によるとファッションリユース市場の規模は2022年は9900億円であり、過去数年は毎年10％程度の拡大を続けているという。ただしここには衣料品だけでなく、バッグ、宝石・貴金属・時計も含んでいる。また高級ブランドバッグなどを中心とする買取市場の規模は3兆円と言われるが、海外の中古品業者などに売られる分も含むものと思われる。全国の百貨店の売上が5兆7千億円なので、古着はその半分以上もあるのだ。

第1章　推し活は孤独者の宗教である

推し活は宗教活動に似ている

推し活という言葉は最近出てきたものであり、特にこの数年に増えたようだ。余暇行動として「好きなタレント、アーティストのグッズ購入、追っかけ」を挙げる人は特に20代女性で増えており、2011年は10・2%だったが22年は16・2%である。また30代女性も6・5%から10・5%に増えている（三菱総合研究所「生活者市場予測システム」による。図表1-1）。

今回のアンケート調査での設問は「以下の「〜関連」について、あなた個人の過去5年間合計のおおよその消費金額を教えてください。いずれも、映画・コンサート・ライブ・観戦料・入場料・雑誌・本・CD・ダウンロード・グッズ・旅費・交通費・食費・器具・用具などすべての合計を教えてください。それぞれの「〜関連」には買った物がダブることもあると思いますが、ダブってかまいません。」というものだった。

●増えつづける推し活市場

図表1-1　男女年齢別　好きなタレント、アーティストのグッズ購入、追っかけをしている人の割合

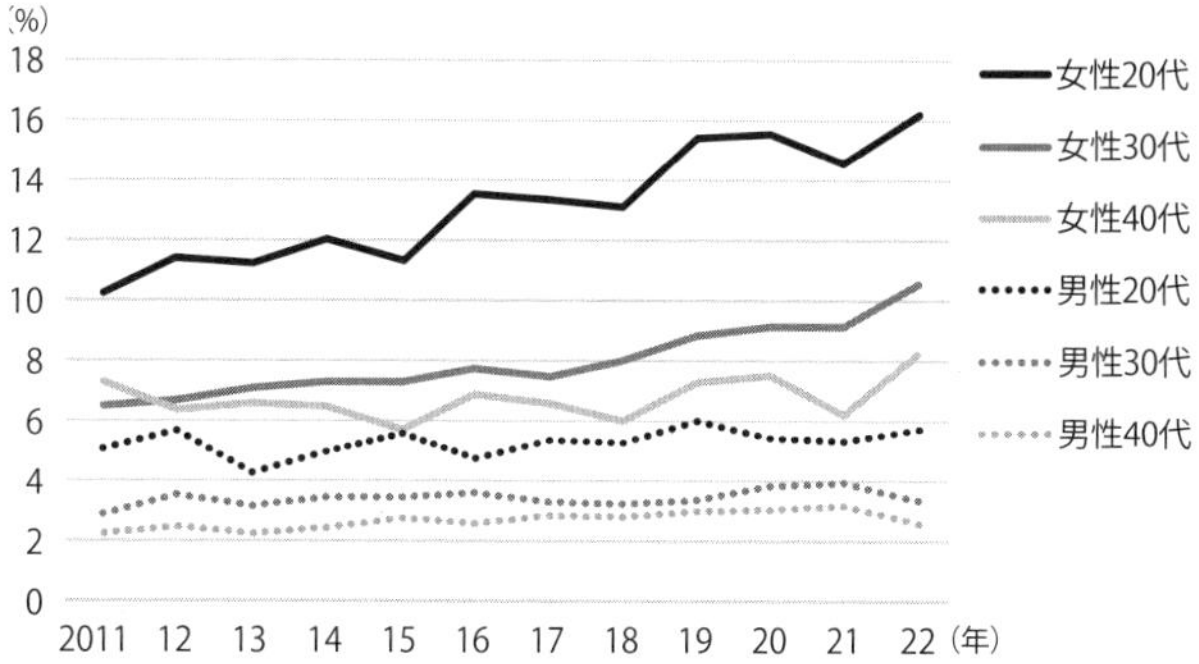

資料：三菱総合研究所「生活者市場予測システム」2011〜2022年

だから坂道系アイドルへの消費は「アイドル・推し活関連」で回答されただろうが、サッカー選手や歌舞伎役者、お笑い芸人、ロックミュージシャンなどを応援している場合は、あくまでサッカー関連、伝統芸能関連、お笑い関連、音楽関連のほうにだけ回答した可能性が高い。だが広い意味ではどれも推し活である。

昭和レトロは推す対象が人ではなく物や建築だが、それさえも推し活だと言える。

昔ながらのファン活動と今の推し活の違いは本質的にはないと思う。だが、私の世代がキング・クリムゾンやレッド・ツェッペリンやビートルズなどの伝説の

ロックミュージシャンの特別仕様CDボックスを買うのは、推し活というよりはビッグスターの魔力によって強迫され操られているようなファン心理だろう（特にキング・クリムゾンの新企画を買う場合がそうだ）。

それに対して現代の推し活はもっと主体的で能動的な消費のように思える。そして、すでにビッグネームになった人・物よりも、まだ無名の人・物を応援する要素も強い。だから伝説のロックミュージシャンのCDボックスを買うのは推し活や応援とはちょっと違う。強要される消費だ。新興宗教の壺に近い。クリムゾンやツェッペリンは教祖なのである。対して、地下アイドル、小さなライブハウスで演奏する無名のミュージシャン、ドサ回りをする歌手やお笑い芸人を応援するほうがより現代的な推し活なのだ。

お守りとしての推し活グッズ

もう一つ現代の推し活の特徴があるとすれば何よりグッズがたくさん販売されていることだろう。昔から芸能人や野球選手のファンはいた。だが、吉永小百合や長島や王のグッズというものはあまり売っていなかった。ブロマイドくらいである。そうでなければ雑誌の付録のポスターを部屋に貼る程度だ。1960年代に背番号3のユニフォームを売れば飛ぶように売れたはずだが、そういうショップはなかった。だからコンサート会場や野球場まで「押しかけて」サインをしてもらった。

もちろん推し活や「追っかけ」と同じような行動は昔からあった。歌舞伎役者とか宝塚のスターとか、ちょっと古いが杉良太郎のファンなどの行動も推し活だと言える。相撲の谷町も推し活かもしれない。推し活ではなく後援会というのだろうが。

もっといえばお気に入り（オキニ）の芸者・ホステスに入れあげて毎週通い詰め、欲しい服や指輪をプレゼントするなんていうのも一種の推し活であろう。究極の推し活は芸者や遊女を身請けして旦那さんになることだろうか。そこまで行くと「押しつけ」の場合も多い。

そもそもそんな大金は一般人にはない。一般人はグッズがなければ推しの対象にお金をかけてあげることができない。だから、コンサートに行く、芝居を見に行く、そしてさまざまなグッズを買う。あるいは勝手にSNSで宣伝をするならお金はか

●推し活は信仰の機能的等価物である

図表1-2　年齢別・推し活と信仰の消費額千円以上の割合

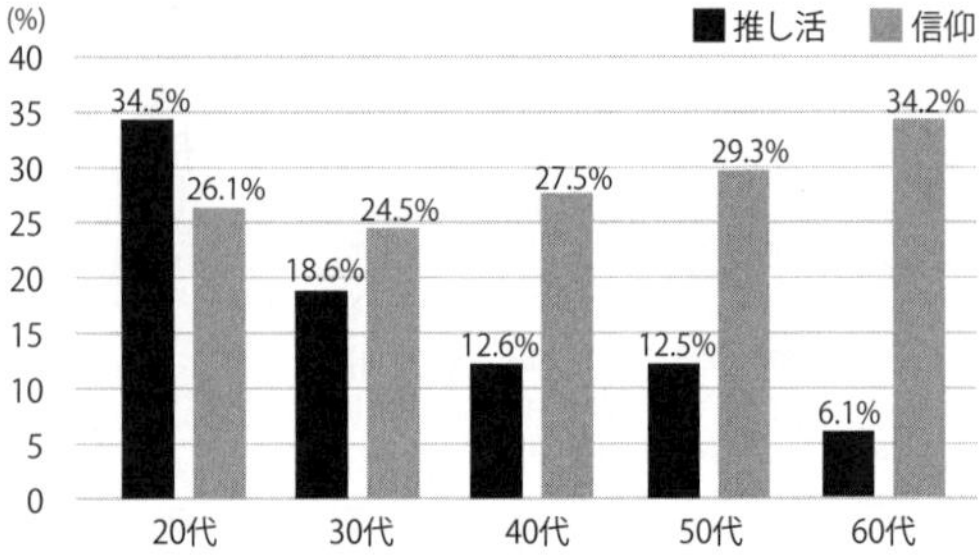

資料：カルチャースタディーズ研究所「シン家計調査」2023

からない。でも推し活なのだ。推している人の誕生日に勝手に誕生パーティをしてインスタグラムにアップする人もいるという。そういう意味では大衆でもお金を消費できる、あるいはお金の消費ではなく、あくまで時間の消費をするファン行動が推し活だと言える。

こういう行動は、神社やお寺でお札やお守りを買うのと似ている。神様・仏様は目に見えないからお札やお守りやミニチュアの仏像を買う。お金がないときはお参りだけする。お参りをする時間がないときは家にある神棚・仏壇・お札にお参りする。御利益があれば人に吹聴する。仏様の誕生日にはお水取りをする。推し活と同じである。消費というのは現代の一種の宗教であるから、推し活消費と宗教行動は似てくるのだろう。

実際、今回の調査でも信仰関連消費額は50代以上で多いが、推し活関連消費額は若い人のほうが多い（図表1－2）。それは若い世代が信仰と機能的に同じものを推し活に求めていると言えるかもしれない。

ただし信仰関連消費額は若い世代でも少なくない。出版業界でも占い、霊、運命などについての本がますます売れ筋になっているようだ。

そういえばこの10年ほど推し活の対象となるアイドルなどを「神」と呼ぶではないか。『前田敦子はキリストを超えた』というとんでもないタイトルの本もある（内容がとんでもないかどうかは読んでないから知らない）。いや、昔も『山口百恵は菩薩である』という名著があった。浜崎あゆみもマドンナも自分を十字架に磔《はりつけ》された存在に見立てたことがある。アイドルはファンの期待に応え、あるときは預言し、あるときはファンを救済する宗教的な存在である。

そもそもアイドルとは偶像という意味である。つまり神や仏を形にしたものである。あるいは神や仏に近い存在をアイドルと呼ぶ。だから推し活は宗教行動の機能的等価物であると言っても全然おかしくない。

宗教を信じるきっかけは「貧・病・争」と言われる。お金がない、病気が治らない、家族など身近な人との争いが絶えない、といった理由である。しかも「貧・病・争」は循環する。病気になると収入が減る、収入が減ると争いが起きる、争いが起きると心も不健康になる、心が不健康になると仕事が手に着かなくなり、また収入が減る、という具合である。この負のスパイラルの中で不安や孤独感が増殖する。それを解消するために宗教を信じる、あるいは無駄な衝動買いをする。消費というのは宗教と同じように不安と孤独をまぎらわすために行われる。推し活にもそういうところがあるかもしれない。そんな視点も踏まえつつ、まず狭義の推し活、つまり「アイドル・推し活関連消費」の分析に入ろう。

推し活消費は未婚女性と既婚男性に多い

男女年齢別に見ると、アイドル・推し活関連消費（以下「推し活消費」と略す）は20代の男女で多く、特に女性で多い（図表1－3）。

20代女性の消費金額は5年間で5万円以上使う人が23・2％。20万円以上だけで

●20代男女で多い推し活消費

図表1-3　男女年齢別・推し活消費額

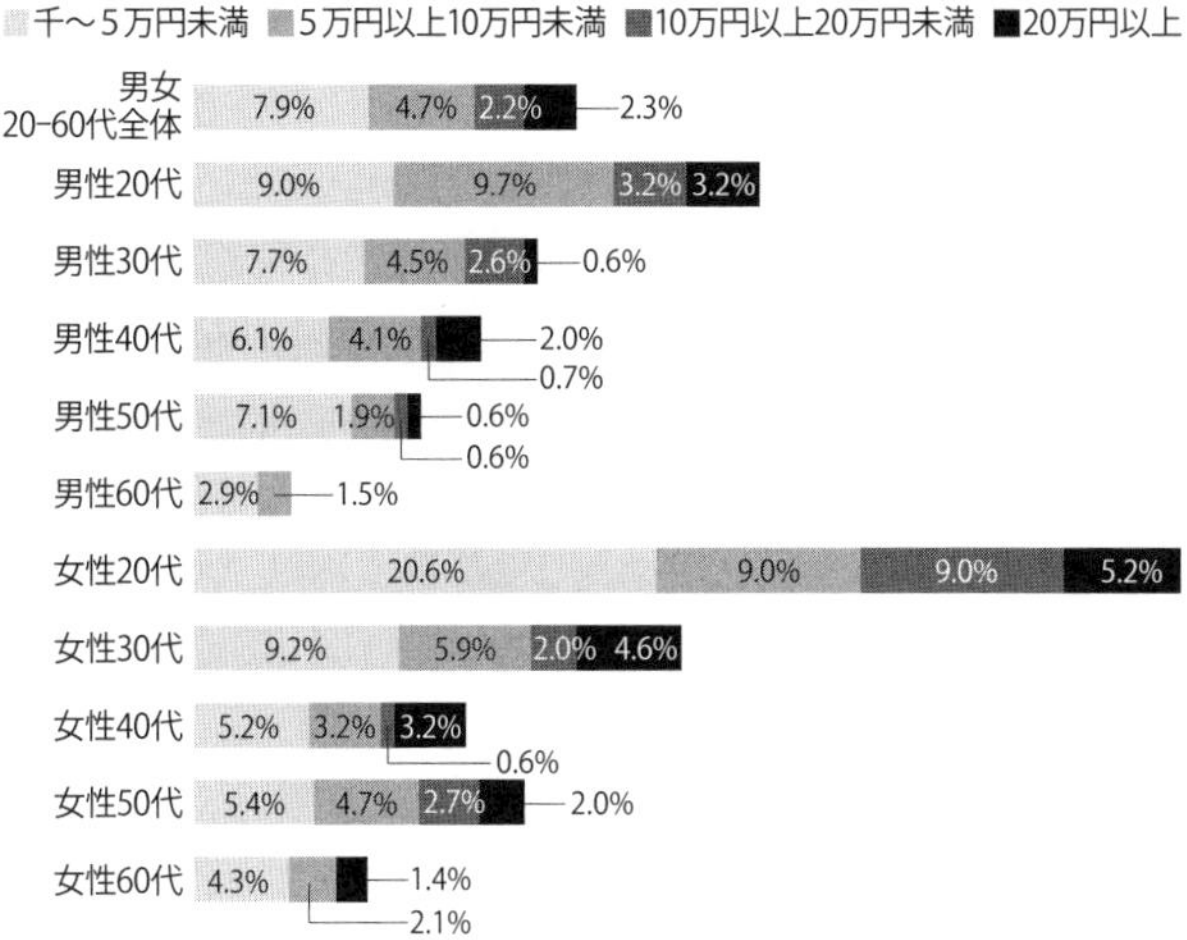

資料：カルチャースタディーズ研究所「シン家計調査」2023

も5・2%いる。女性は30代も20万円以上使う人が4・6%おり、なかには好きなジャニーズ系アイドルの出るすべてのコンサートを追っかけて年間50万円以上使う人もいるらしい。20代男性も少なくはないが、20万円以上が3・2%程度であり、5万円以上合計で16・1%である(図表1-3)。

次に、推し活消費の未婚と既婚による差を見るために20代だけでなく既婚の増える30

●男性は既婚、女性は未婚で推し活消費が多い
図表1-4　20−30代男女　未婚既婚別・子ども有無別推し活消費額

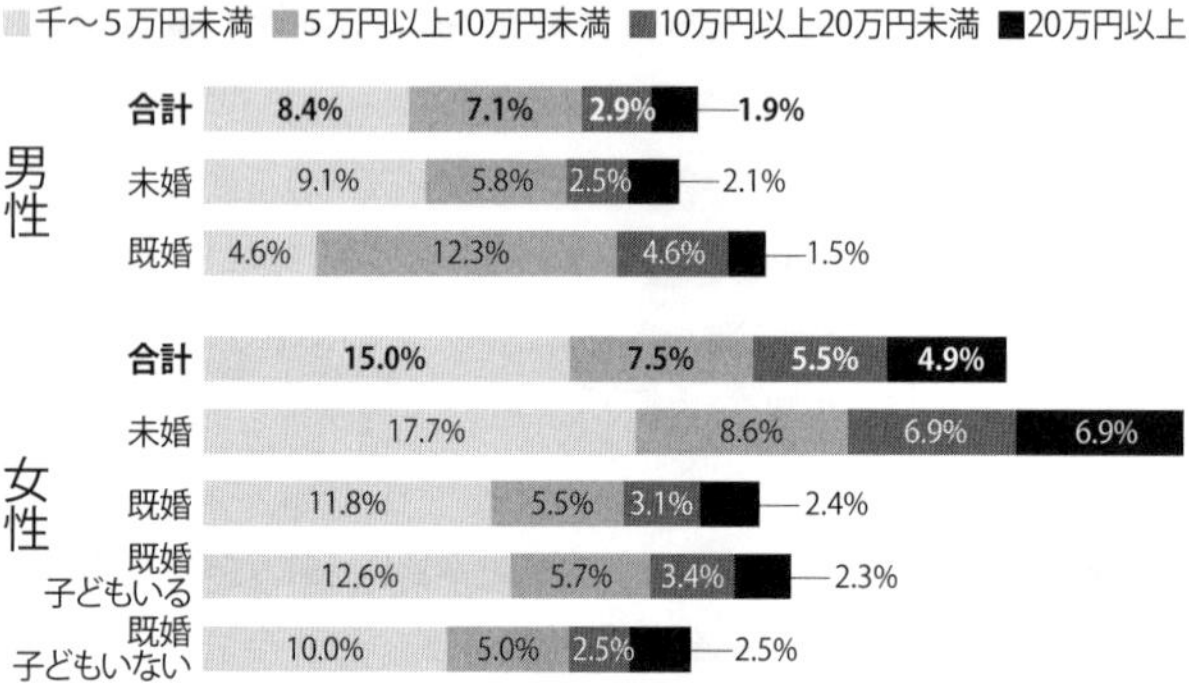

資料：カルチャースタディーズ研究所「シン家計調査」2023

代も加えて男女未婚既婚別に集計してみる。結果は、女性は未婚のほうが推し活消費が多いことが明らかである。他方、男性は消費額が5〜20万円未満の人は未婚よりも既婚のほうが多い。また20〜30代の既婚女性の推し活消費額を子どもの有無別に集計すると、あまり大きな差はない（図表1-4）。

つまり子どもの有無より既婚か未婚かが推し活消費額に影響するのである。言い換えると既婚女性はアイドルなどを推し活する必要も時間もお金も減るのであり、しばしばリアルな夫と子どもが推し活の対象になるのかもしれない。

20代パラサイト男女や一人暮らし女性で多い推し活消費

20〜30代について家族類型別に見ると、20代のパラサイトシングルの男女で推し活消費が多く、特に女性で非常に多い（図表1-5）。

次いで20代の単独世帯も推し活消費が多いが、やはり女性の単独世帯で多い。男性は30代・40代のパラサイトシングルも推し活消費が多いが、30代既婚で子どものいる人でも推し活消費をしている。5万円以上10万円未満を消費している人が10・5％であり、30代パラサイトシングルよりも消費額が多い。

既婚男性が推し活消費をするというのはちょっと不思議だが、既婚男性のほうが未婚男性より可処分所得が多いからだろう。また、**結婚したからこそアイドルの価値がわかる**という面もあるかもしれない。なにしろアイドルはファンに文句を言わない。ただただ感謝をする。あれを買えとも言わない。言わないのに、ファンはアイドルのグッズを買って貢いでしまうのである。

私が数年前仕事で会った30歳くらいの男性も、坂道系の推し活をしているが、既

●パラサイトシングルと単独世帯で多い推し活消費

図表1-5　20−40代男女　家族類型別推し活消費額

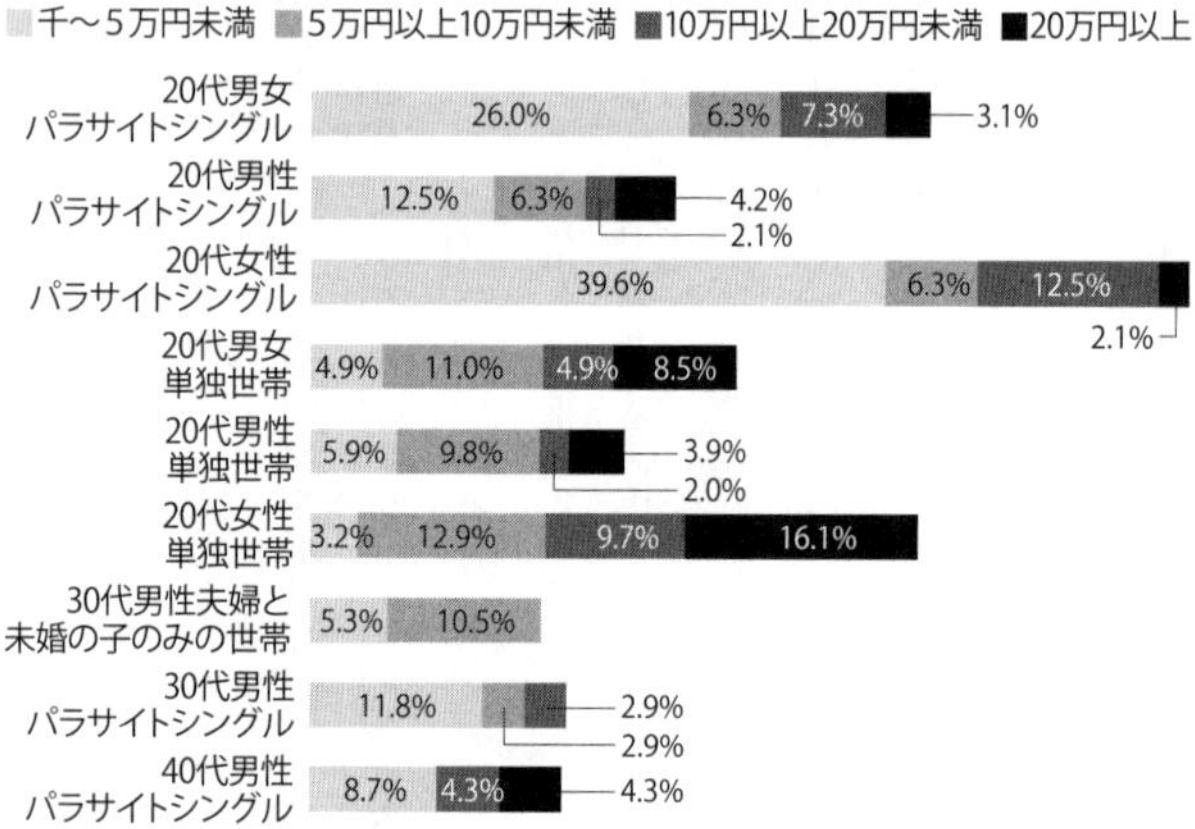

資料：カルチャースタディーズ研究所「シン家計調査」2023

婚なのでそれを配偶者に言えず、推し活用の部屋を内緒で借りていると話していた。「開運！なんでも鑑定団」にも、バービー人形のマニアが家族の知らぬ前に部屋を借りてバービーを保管しているという例が出てきたと記憶するが（バービーは実在しないから推し活とは言わないだろうが）そういう秘密部屋づくりは昔から珍しくないのかもしれない。

また男性の場合AV女優などの推し活をすることも多いはずで、こうなると配偶者にも親にも言いにくいだろう。ＡＶ女優が写真集を出して大手書店でサイン会をし、海外からもファンが集まるなどということは昔は考えられないことで、インターネット、ソーシャルメディアの発達があればこそである。ＡＶ女優も社会的にかなり認知されてきたということでもある。

また三菱総合研究所の「生活者市場予測システム」を分析すると最近の若い男女は恋人がいても孤独があまり解消されず、結婚していても孤独であるという人が少なくない。特にコロナ後はそうである。コロナによって夫婦げんかが増えたという話はよく聞いた。一日中夫婦ふたりが家にいて、お互いが理解しあえない・協力しあえないと感じることが増え、それが孤独感を増し、そのために推し活に逃避したとも考えられる。もちろんパラサイトシングルや単独世帯が推し活消費をする背景にも孤独感があると思われる。

現在孤独を感じるかどうか別に推し活消費額を集計すると、孤独を感じる人のほうが消費額が多い。男女とも孤独であるほど推し活消費が多い傾向がある（図表1－6）。女性では孤独を感じない人でも消費が多いが、5万円以上の人は少ない。

●孤独な人ほど推し活消費が多い

図表1-6　20ー30代男女　孤独度別推し活消費額

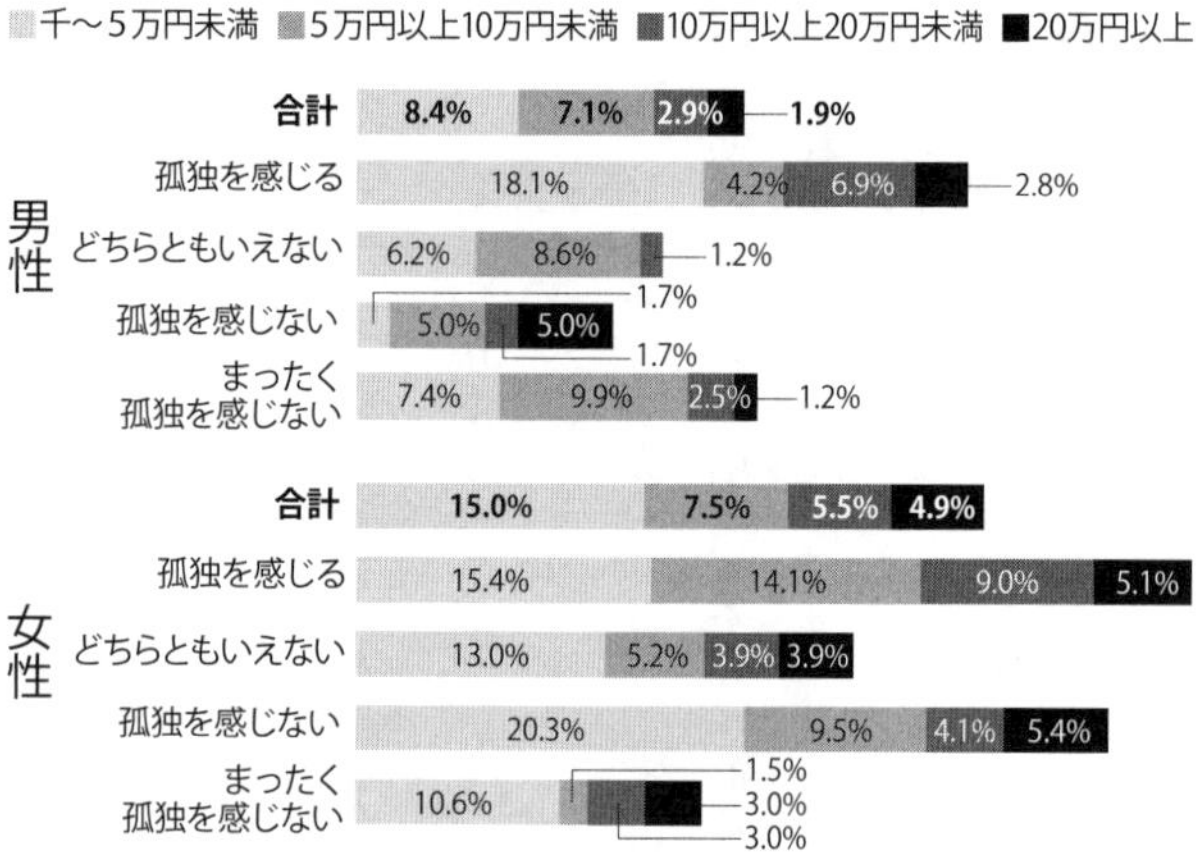

資料：カルチャースタディーズ研究所「シン家計調査」2023

●女性は恋人がいないと推し活が増える

図表1-7　20ー30代男女　恋人有無別推し活消費額

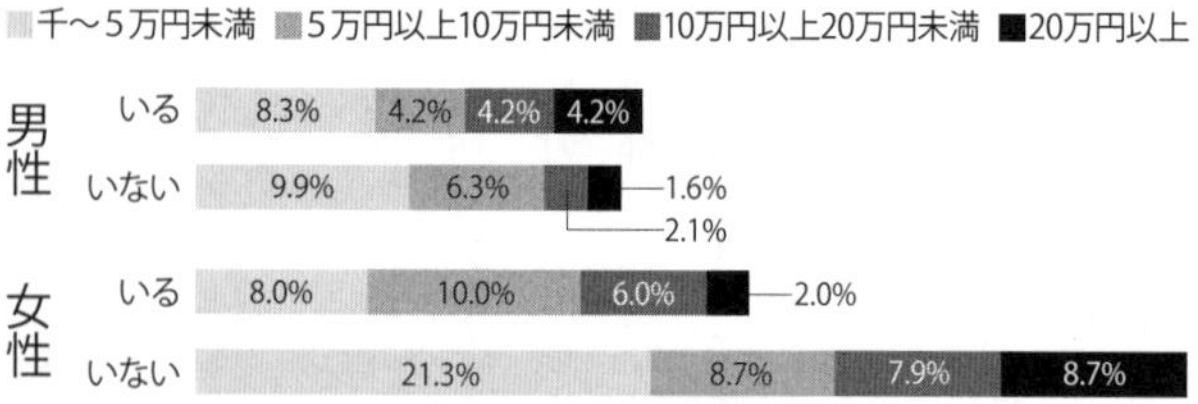

資料：カルチャースタディーズ研究所「シン家計調査」2023

●上流女性は恋人がいても推し活する

図表1-8　20－30代女性　階層別・恋人有無別推し活消費額

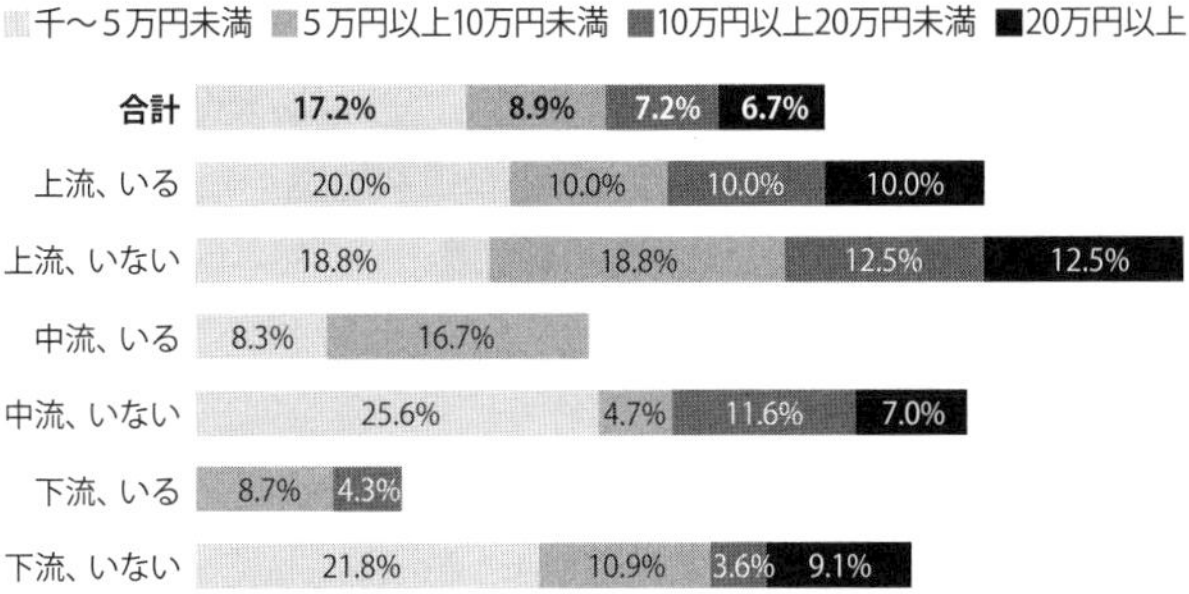

資料：カルチャースタディーズ研究所「シン家計調査」2023

孤独の背景には恋愛や結婚があるはずだ。20～30代について恋人有無別推し活消費を見ると、女性は明らかに恋人がいないと推し活消費が増える（図表1－7）。だが男性は、恋人の有無と推し活消費には相関はない。

恋人のいない女性は推し活消費が多い

また、階層と恋人の有無をクロス集計すると、上流より中流、さらに下流の女性のほうが恋人がいないことによって推し活消費が大きく増える（図表1－8）。恋人のいない中流や下流は恋人のいる上流と同じくらい消費するのである。**アイドルが恋人の代償になる傾向は下流女性のほうが強い**ということであ

●既婚上流女性は推し活が少ない

図表1-9　20－30代女性　未婚既婚別・階層別推し活消費額

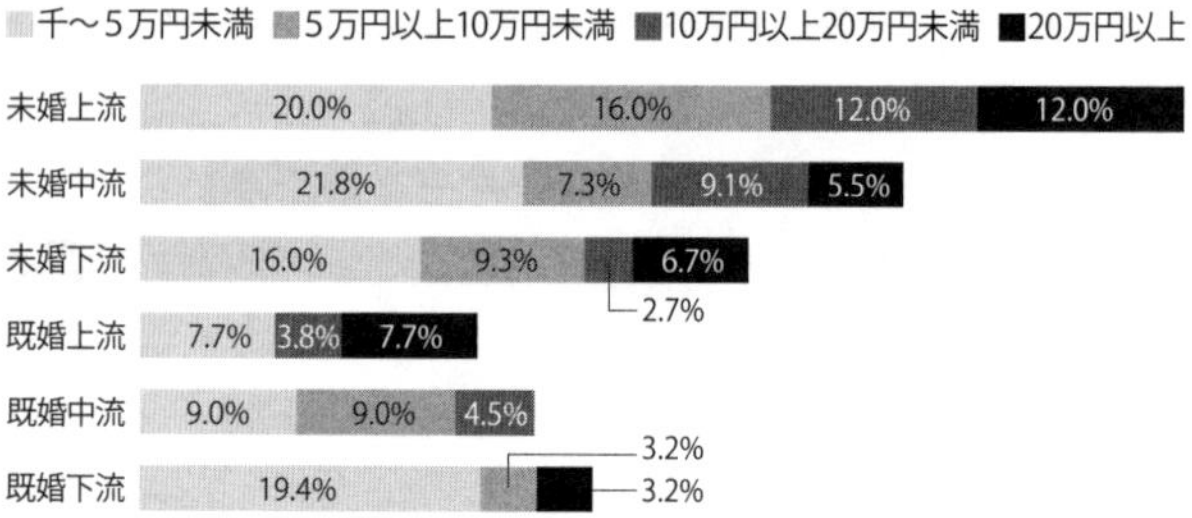

資料：カルチャースタディーズ研究所「シン家計調査」2023

る。逆に言うと、**上流女性は恋人がいても推し活消費をする**のである。

他方、未婚既婚と階層をクロス集計すると、20～30代未婚上流女性は5年間で5万円以上消費する人が40％であるが、既婚上流女性は12％しかない（図表1－9）。上流なのに未婚で孤独という一種の「欠落」を埋めるために彼女たちは推し活をするのだろう。

また30代女性については、子どものいる人は推し活消費が10万円以上の人が2・9％なのに子どものいない人は9・8％である。その意味で推し活は子どもの代償になっているとも考えられる。

●家族に不満な女性は推し活に向かう
図表1-10　20—60代既婚男女　家族満足度別推し活消費額

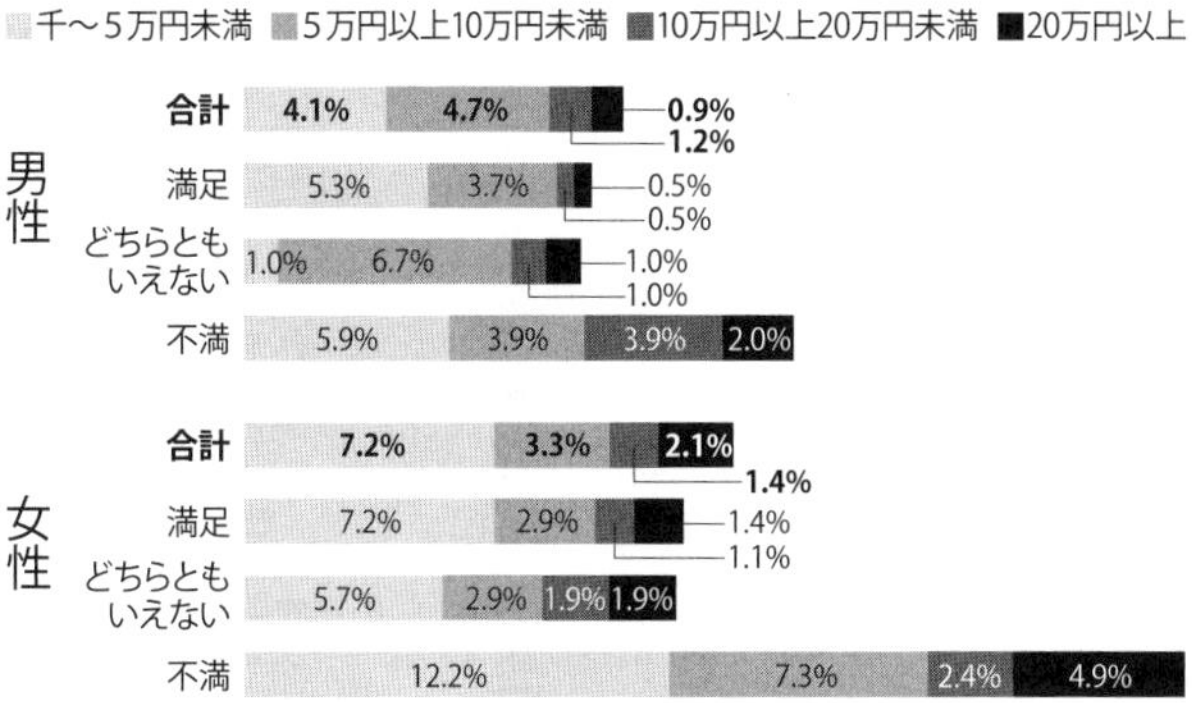

資料：カルチャースタディーズ研究所「シン家計調査」2023

家族満足度が低い女性は推し活に走る

孤独のもう一つの背景は家族とのコミュニケーションへの満足度が低いことである。結果、不満が多いと推し活消費が増える。宗教で言う「争」の部分である。

家族への不満がある場合、特に女性は急激に推し活に向かう。夫や子どもからの愛（夫や子どもへの愛）の代わりにアイドルへの愛（アイドルからの愛）に向かうのだ（図表1-10）。

現代は「永続孤独社会」的な状況が拡大し、そのことが推し活消費を増大させている（拙著『永続孤独社会』参照）。未婚率の増大、離婚率の増加、女性の社会進出、自分ファースト主義の拡大などなどの社会変化が永続孤独社会化を進める一方で、結婚して子どもができることが孤独を解消するという傾向は減っていない。だが夫や子どもとの関係がうまくいかなければ、やはり孤独になる。その孤独を埋め合わせるためにアイドル・推し活関連消費はあるのだ。

個人の自由が広がるほど孤独が増えて推し活に走る

以上のように、恋愛、結婚、家族関係がうまくいかないと推し活が増える。推し活をすることで人々は孤独を癒すのだ（ちなみに友人の数と推し活消費の相関はなかった）。その意味では恋人や配偶者や子どもなどの代償としてアイドルなどへの推し活があると言える。

たとえば大谷翔平の活躍を見ると、ああ、こんな彼氏がいたら、息子がいたらどんなにうれしいだろうと思うだろう。そういう心理が推し活を増やす。

あるいは「癒し」という言葉の代わりに推し活が台頭したとも言える。もちろんすべての推し活が癒しではないが、癒しに加えて、あるいは癒しの変形として推し活が流行っている側面はあろう。癒しが比較的受動的な静的なものであるのに対して、推し活は能動的であるとも言える。

グーグルの2021年の検索キーワード分析によると「how to heal（どうやって癒すか）」というキーワードの世界全体での検索頻度が2004年1月以来過去最高を記録したという。コロナの影響が大きいだろうが、癒しという言葉自体は1990年代初頭にアメリカで流行り、その後すぐに日本でも流行り始めた言葉である。1991年には評論家大塚英志『〈癒し〉としての消費』も出た。

だからもう癒しブームは30年以上続いており、日本では失われた30年と対応しているわけだ。働いても給料が上がらない30年にはたしかに癒しが求められたであろう。

そしてコロナ前から流行り始めていた推し活がコロナ禍の中で急速に拡大したのである。受動的癒しから能動的推しへの変化は、人々が元気になったというより、むしろ人々が大きく傷つき、癒しを求める心理が強まったのだと解釈できる。もしかするとウクライナ戦争の影響もあるかもしれない。

自分を必要とする誰かをつくり出す

推し活消費や応援消費が増えている今、もし自分は誰からも推されていない、応援されていないと感じたら、どうだろう。それは物凄く孤独ではないだろうかという想像も働かせてみる必要もある。言い換えれば、そういう孤独な人が推し活をする。その人は誰からも必要とされていないと感じるからこそ、自分を必要とする誰かをつくり出すのだ。

福田恆存《つねあり》はかつてこう書いた。「私たちが真に求めているものは自由ではない。私たちが欲するのは、事が起るべくして起っているということだ。そして、そのなかに登場して……ある役を演じなければならず、その役を投げれば、他に支障が生じ、時間が停滞する――ほしいのは、そういう実感だ」。生きがいとは、そうした「必然性のうちに生きているという実感から生じる」（『人間・この劇的なるもの』）。

おそらく現代人は、自由を謳歌し自由を手放すこともできない。にもかかわらず、むしろだからこそ、孤独になり、孤独を解消するために逆に束縛を求める。一人暮らしで自由なのに犬を飼う。餌をやったり、散歩をしたり、病気になったり、出張の時はペットホテルに預けたり、やらなければならないことが増えるのに飼う。自分がいなければ死んでしまうペットを飼うことで、自分の存在理由を実感する。そのことによって孤独を払拭《ふっしょく》する。

人が働くのも同じ理由だ。自分の好きなことをするために働く人は実は少数だ。普通の人は好きなことでなくても働く。自分が電車やバスを運転しなければ客が困る。自分が鍵を開けなければ社員がビルに入れない。自分が料理をつくらなければみんな腹を空かす。自分がいなければ誰かが困る、自分がいるから全体が回ると思うから働くのである。自分に存在理由があることを証明できるからである。

推し活消費には、私がファンでなければこの人はダメになるという心理がある。あるいはそういう幻想を持ちたいという心理だ。それは親の子に対する心理、管理職の組織に対する心理である。実は親も管理職もいなくても、子どもは育つし組織は動くにもかかわらず、である。人は誰かに愛されたいと同時に誰かを愛したいのであり（その愛がゆがんだ愛だとしても）、その愛の対象が「推し」なのだ。

恋人ができても恋人との関係は不安定であり必ずしも孤独は解消されない。結婚すると孤独感は減るが、面倒くさいことの連続である。その心理が一因となり、自由を求め束縛を避けて結婚しない人が増えるし、恋人がいない人も増える。だがやはり人は誰かを愛したいのである。さらに、愛する対象である人が自分を愛してくれる、あるいは自分の愛を必要だとかうれしいとか感じてくれると思いたいのである。

夫や妻、父や母といった役割を演ずることはしばしば負担であるが、孤独という観点から見れば、その役割を担って生きている人のほうが孤独は感じにくい。その役割を拒んで、夫でも妻でも父でも母でもない状態で残るのは、誰かの子どもという立場でしかない。となると彼・彼女の中で親への満足度が大きな比重を占める。「親ガチャ」という言葉が流行る理由がそこにある。

家族に不満があっても孤独にならないために重要なのは友人関係であり、友人関係に満足であれば孤独度は低下する。友人関係にも不満な場合は仕事や学業への満

●人間関係に不満な人ほど孤独を感じやすい

図表1-11　20−60代男女　家族・仕事・友人への満足度と孤独感

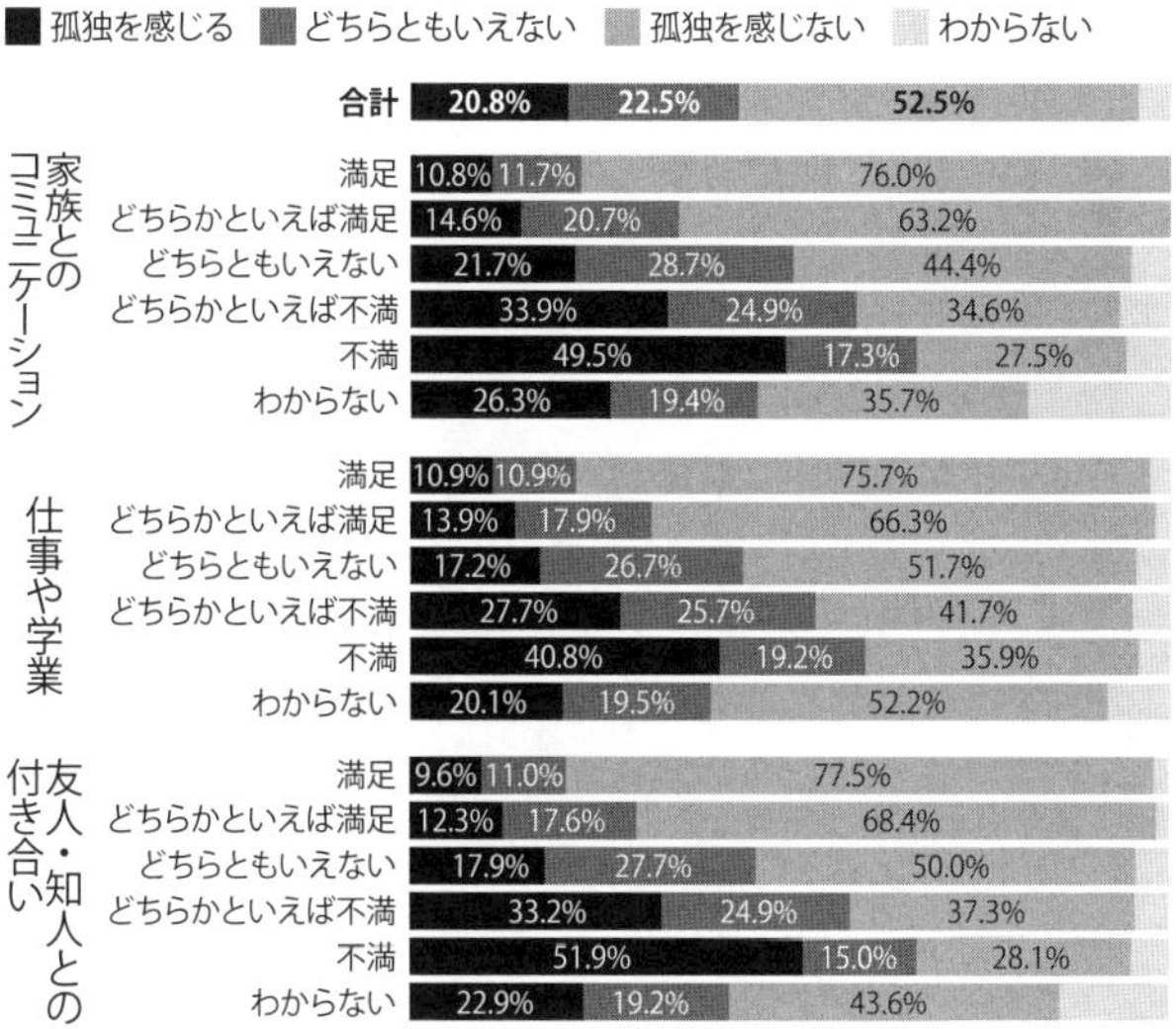

資料：カルチャースタディーズ研究所「シン家計調査」2023

足度が高まると孤独度が低下する（図表1－11）。家族・友人・仕事のいずれにも不満な場合、その人は純粋な個人として何者かであらねばならない。だがそれはなかなか難しいことである。個人として何者かであらねばならないという心理から、YouTube、インスタグラム、TikTokなどに自分をさらすという人もいるのだろう。それらのメディアへの露出もできない場合は、やはり推し活などの趣味に熱を上げることになるのであろう。

中流は疑似体験、上流はリアル体験

ところで、下流でお金に余裕がないのに多額の推し活消費をする人は、どんな消費をしているのか。推し活消費5万円以上の人の余暇行動を見ると、下流で1位は「好きなタレント、アーティストのグッズ購入、追っかけ」が45％であり、上流や中流との差が大きいというわかりやすい結果であった（図表1－12）。カラオケも上流・中流との差が大きい。コンサート、ライブも上流・中流より多い。カラオケやコンサートもおそらく好きなタレントのものだろう。

上流は温泉が多い。他にもショッピングが1位、食べ歩きが4位に来ることから、上流は推し活消費以外にも高額なリアル体験型の消費を多くしていることが推察される。

中流ではゲームが多い。その他に、映画、動画、パソコンなど各種メディアを使った娯楽が多く、上流と比べると疑似体験型である。

図表1-12　20—60代男女　5万円以上推し活消費をしている人の階層別余暇行動参加率ベストテン

上流		中流		下流	
人数	23	人数	64	人数	49
ショッピング	39.1%	録画や動画サービス等での映画鑑賞	42.2%	好きなタレント、アーティストのグッズ購入、追っかけ	44.9%
コンサート、ライブ	34.8%	映画館での映画鑑賞	35.9%	コンサート、ライブ	40.8%
録画や動画サービス等での映画鑑賞	30.4%	ショッピング	34.4%	映画館での映画鑑賞	36.7%
食べ歩き	30.4%	スマートフォンや携帯端末でのゲーム	29.7%	スマートフォンや携帯端末でのゲーム	28.6%
温泉	30.4%	コンサート、ライブ	28.1%	録画や動画サービス等での映画鑑賞	26.5%
好きなタレント、アーティストのグッズ購入、追っかけ	26.1%	好きなタレント、アーティストのグッズ購入、追っかけ	28.1%	ショッピング	26.5%
映画館での映画鑑賞	26.1%	読書（マンガを除く）	26.6%	パソコン（ゲーム以外）	24.5%
読書（マンガを除く）	26.1%	Nintendo Switch、PS5、Xbox 等の、据置型家庭用ゲーム機でのゲーム	26.6%	読書（マンガを除く）	24.5%
マンガを読む	26.1%	パソコン（ゲーム以外）	23.4%	マンガを読む	18.4%
観光、名所めぐり	26.1%	Nintendo Switch Lite、3DSやPSP等の携帯型家庭用ゲーム機でのゲーム	23.4%	カラオケ	18.4%

資料：カルチャースタディーズ研究所「シン家計調査」2023

また上流中年の女性の推し活には、好きな男優がクルーズ船で行うディナーショーに参加するとか、自分と同じ若いタレントを好きな実の娘と一緒にライブやコンサートに行くという行動もあるらしい。若いタレントのイベントに中年女性一人で行くのはさすがにちょっとはばかられるのか、娘に付き合っているように装い、娘の分のお金も出し、ということで母娘相互に得をするということらしい。

また中島みゆきのコンサートにはシニア男性が押しかけて、オリジナル羊羹などのグッズを買っていくそうだ。なぜ羊羹なのかまでは調べていないが、中高年の推し活もかなりのものがあるようだ。

第2章　お笑いと美容も孤独が消費を増やす

推し活・マンガ・韓流・お笑いの相関

推し活消費以外の消費で、推し活消費と相関の高い消費がある。集計を見ると、20代女性で推し活消費額が10万円以上の人のうち、マンガ・アニメ・ゲーム関連にも5万円以上消費している人が41％いる（図表2－1）。同様に27％が韓流関連にも10万円以上消費。14～15％が昭和レトロ関連、応援関連、お笑い関連にも消費している。

もちろんこれは、推し活に10万円消費したのと別にマンガ・アニメ・ゲーム関連にも5万円消費したのか、アニソン、コスプレなどのスターに推し活をしたのが重複しているのかはわからないが、多額の消費がこれらの分野でされていることはたしかだ。

ここではお笑い関連消費について見てみたい。

私の3倍面白い話をして返してくれるのは彼だけ

●推し活消費が多いとお笑い消費も多い

図表2-1　推し活消費額別お笑い消費額

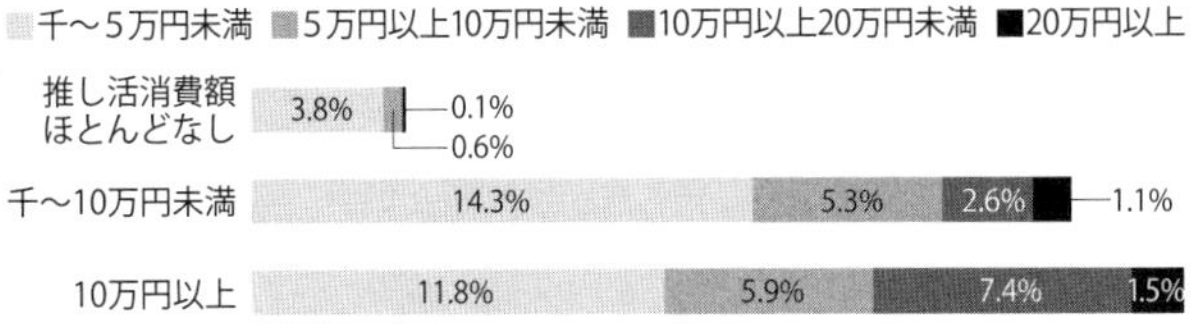

資料：カルチャースタディーズ研究所「シン家計調査」2023

お笑いタレントもすでにアイドルの一種だ。実際、女優や女子アナの結婚相手がお笑いタレントになったのはこの10年ほどの傾向だろう。昔なら歌舞伎役者や俳優や歌手が推しと憧れの対象だったが、今はお笑いタレントが一番モテると言えるほどだ。人気女性俳優もタレントもキャスターもお笑い男性と結婚する時代になった。一昔前はスポーツ選手、その前は青年実業家だったと思うが、時代は変わった。

スポーツ選手は家にあまりいないし、家ではひたすら何もしない人が多いし、食事などに気を遣うから、母親代わりの女性が求められる。今の時代の若い女性にとって同居相手としてはあまり適さないところがある。

その点、お笑いタレントは、家にどれくらいいるのか知らないが、スポーツ選手ほど遠征はないだろうし、家にいても女性を喜ばせてくれるのが最大のメリットだろう。ある元NHK女子アナで今はタレントの女性は、美人でとってもモテる人らしく、一度合コンをすると3人の男性からデートの申し込みがあったそうだが、結婚相手はイケメンとは言えないお笑いタレントだった。彼女によると私の言うことを面白いねと言ってくれる男性はたくさんいるが、私の3倍面白い話をして返してくれるのは彼だけだったというのが結婚の理由らしい。

つまりコミュニケーション力のある男性がモテるという話であるが、財力を上げることとくらい、あるいはそれ以上にコミュニケーション力を上げるのは意外に難しい。財力はセンスがなくても上がるが（もしかしたらセンスがないほうが上がるが）、コミュニケーション力はやはりセンスがいるので、努力もいるが先天的なものが物を言う。先天的センスが物を言うのはスポーツ選手もそうだが、家でいっさい何もしないのはやはり問題になる。というわけで、あれこれ考えると現代はお笑いタレント男性がモテる時代なのである。

●上流女性ほどお笑い好き

図表2-2　20－40代女性　階層別お笑い消費額

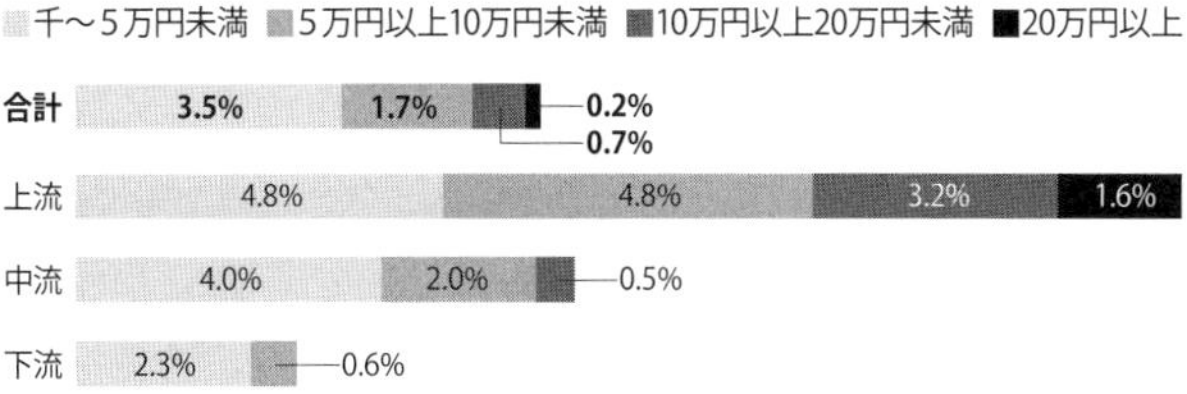

資料：カルチャースタディーズ研究所「シン家計調査」2023

上流で孤独な男女はお笑い消費が多い

さて、お笑い消費については50歳以上と49歳以下で傾向が著しく異なったので、20～40代の男女で集計してみた。階層別に集計すると、特に女性の上流でお笑い消費が多いという特徴があった（図表２－２）。年収も高いほうがお笑い消費が多く、特に女性でその傾向が強い。学歴別ではあまり傾向がなかった。基本的には年収の高い女性はお笑いが好き、と言えそうである。お笑いタレントが推し活の対象になっていることがここからも推測できる。

そこで孤独感とお笑い消費の相関を見ると、上流で孤独である人は男女ともお笑い消費が多いが、やはり特に女性でその傾向が強い（図表２－３）。年収４０

●孤独な上流女性がお笑いを求める

図表2-3　20－40代女性　階層別・孤独度別お笑い消費額

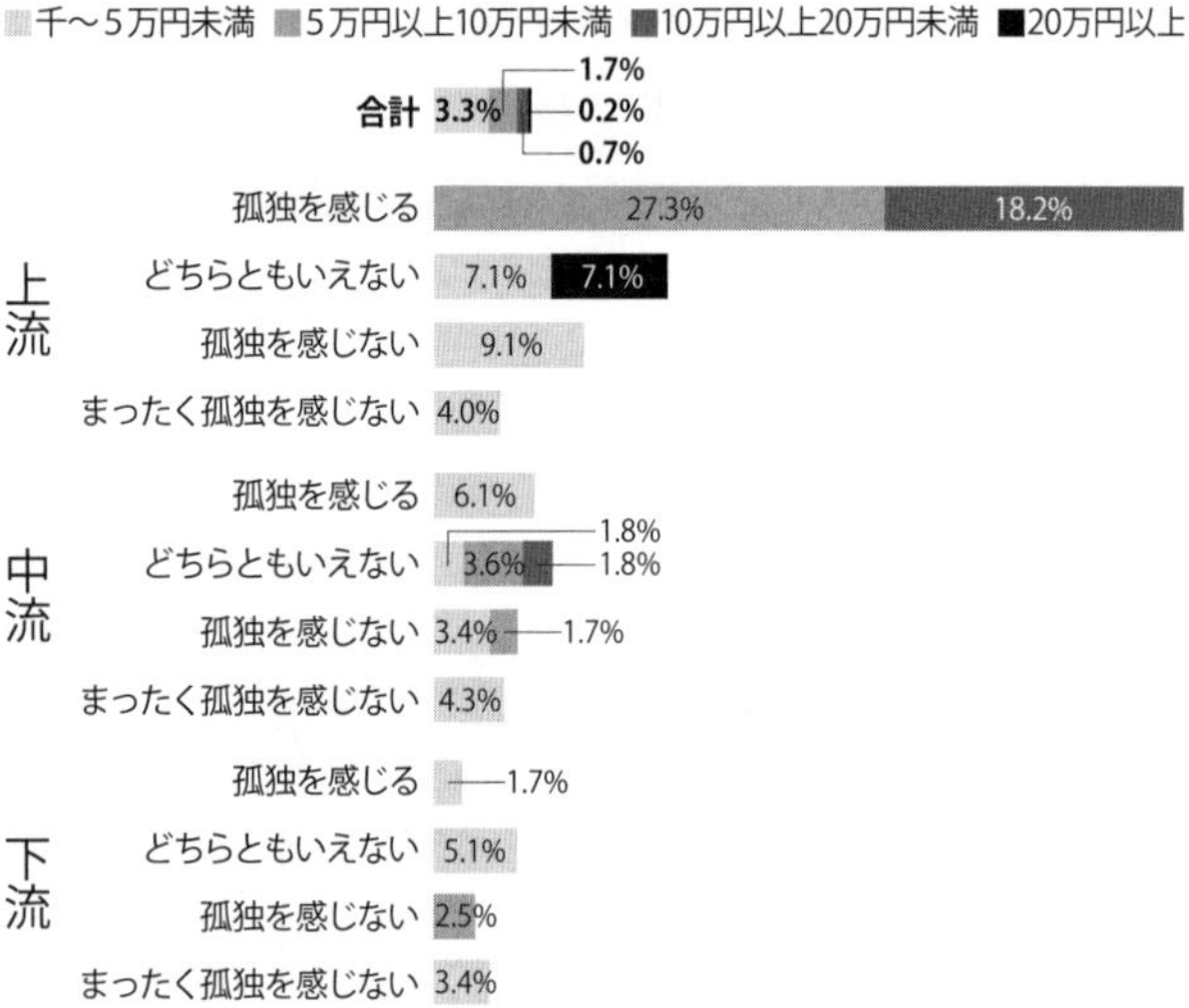

資料：カルチャースタディーズ研究所「シン家計調査」2023

図表2-4　20－40代男女　配偶関係別お笑い消費額

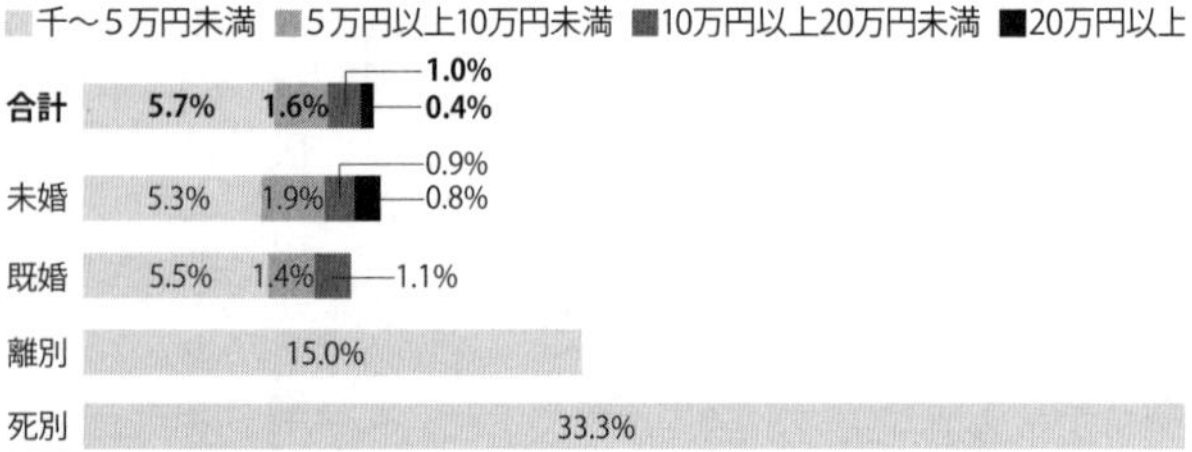

資料：カルチャースタディーズ研究所「シン家計調査」2023

図表2-5　20－40代女性　階層・恋人有無別お笑い消費額

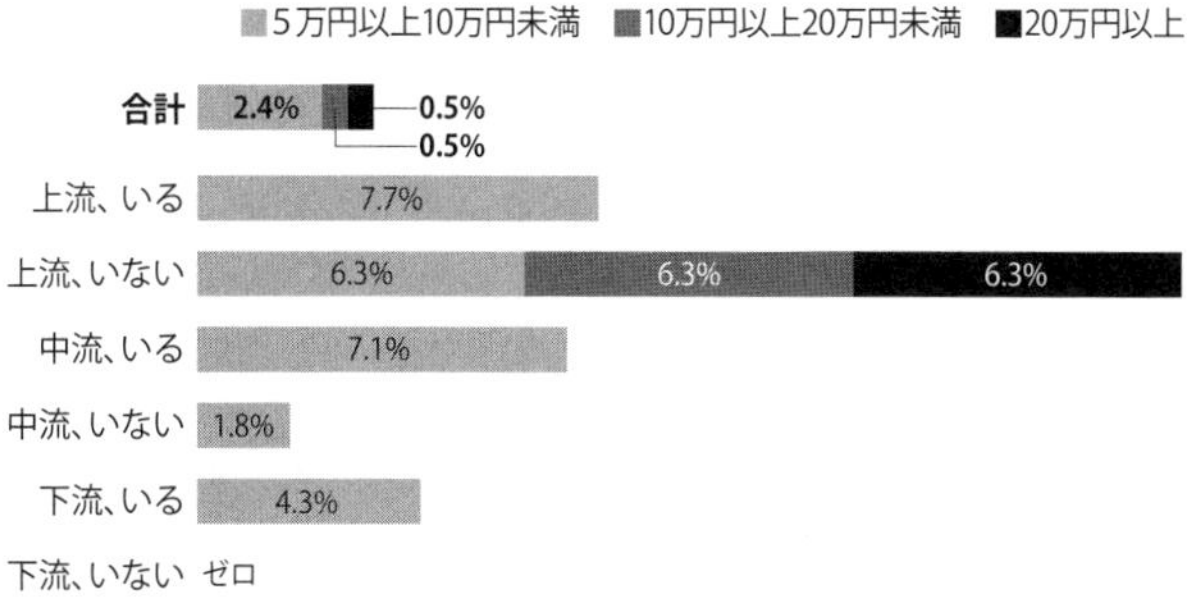

資料：カルチャースタディーズ研究所「シン家計調査」2023

０万円以上で孤独な女性もお笑い消費が多い。逆に男性は年収１００万円未満で孤独な人でお笑い消費が多い。

また配偶関係別だと男女とも未婚でお笑い消費が増えるわけではなく、離別・死別で激増する。その点でも孤独との相関はありそうだ（図表２－４。ただし離別・死別のサンプル数が少ないので参考値）。

恋人有無別だと**恋人がいない人のほうがお笑い消費は少ない。**男女ともそうである。恋人がいなくても孤独でなければお笑い消費は少なく、恋人がいても孤独であればお笑い消費は増えるのである。なかなか興味深い結果だ。そもそも孤独を解消する意味もあって恋人をつくるはずなのに、恋人がいても孤独なのかという疑問も持つ読者もいるだろうが、恋人がいるからこそ完全に自分が理解してもらえないと実感しやすくなり、かえってより深く孤独を感じるという心理もあり、かなり複雑である（拙著『永続孤独社会』）。

また恋人の有無に階層をクロスして集計すると男女とも上流で恋人がいない人はお笑い消費が多く、女性ではその傾向が顕著で、10万円以上が多くなる（図表2－5）。

お笑い劇場は地方振興に役立つ

推し活でもお笑いでも何でも孤独と関係するのかと思って、20～40代の女性で孤独を感じる人が5年間で5万円以上消費した割合の高い分野を挙げてみると以下のようになった。

美容関連　31・8％
推し活関連　22・1％

お酒関連　16・8％
その他特定の趣味・娯楽・文化・社会関連　15・9％
健康関連　15・0％
マンガ関連　15・0％
音楽関連　14・2％
散歩関連　11・5％

美容が１位である。ただし孤独度と美容関連消費額には相関はない。孤独であってもなくても消費額はほぼ同じなのである。

また、孤独を感じる人でかつ美容関連消費が10万円以上である女性は、年齢は35～49歳が多めで、離別もやや多めである。正規雇用と単独世帯の割合が多く、４年制上位大学以上の学歴の人や、年収が３００万円以上の人が多めである。

つまり、氷河期世代を含むためか、年齢が高い割には年収が伸び悩んでおり、もしかすると転職などにより非正規雇用から正規雇用に転換できたが条件はあまり良くないという人であろう。年も取ってきたからだろうが、将来が「とても不安」という人が61％と多い。

他の趣味消費では、推し活関連、信仰関連が多い。男性なら働き盛りの40代は、女性にとっては出産可能な最後の時期という意味でも大きな転換点であり、そのことが彼女たちに大きな孤独と不安をもたらし、さらにはさまざまな趣味消費へと向かわせるのだろう。

またお酒が3位なのは働く女性・シングル女性が増えた現代では当然か。たしかにバーに一人で来る女性も増えた。

散歩はたしかに一人ですることも多いので孤独との相関が高いのかもしれない。だがお笑い関連は5・5％しかない。お笑い消費は、たしかに孤独な上流や孤独な高年収女性で多いものの、テレビで無料でたくさん楽しむことができるので、消費金額は少ないのだろう。

逆に言うと、テレビなら無料で見られるお笑いを、Ｎｅｔｆｌｉｘなどサブスクによって有料で見るのがもっと普通になれば、今後巨大な「孤独なお笑い市場」がそこに生まれる可能性がある。メタバースの中で吉本興業の舞台に金を払う時代も近いだろう。

吉本興業は劇場の全国展開にも力を入れているので、テレビやネットで知ったお笑い芸人、特にまだ売れない芸人を劇場で見てファンになり推し活をするというケースが増えそうである。

私はかつて大阪のなんばグランド花月で漫才を見たが、テレビより断然面白かった。テレビでは言えないことが言えるということもあるが、熱量が全然違う。会場に合わせた100分の1秒の間の取り方が笑いを呼ぶ。ものすごく単純なギャグを繰り返すだけでもお腹の皮がよじれるほどおかしかった。お笑い劇場はおそらく今後全国に広がり大きな人気を呼ぶだろう。逆に言うと地方振興をしたかったらお笑い劇場をつくるべきである。

実際、吉本興業ホールディングスは、吉本興業所属の芸人を「住みます芸人」と銘打ち、全国47都道府県に派遣している。ほとんどは、派遣される地域の出身者である。各県に実際に移住させた上で地域に密着した芸能活動を行わせるほか、「観光名所・特産品のＰＲ」「お祭りの盛り上げ役」などの活動をさせる。農業プロジェクト「よし農」も発足し、その一環として「農業で住みます芸人」がスタート。自治体より農業協力隊員に委嘱され、芸人・タレント活動と並行して農業活動も行っている。

リクルート・ＳＵＵＭＯの住みたい街ランキングで20～30代では大宮が吉祥寺を抜いて2位になったが、その一因も吉本劇場にあるはずだ。大宮ラクーンよしもと劇場には大宮セブンという7人組の芸人がいる。さいたま市を盛り上げる使命を担い結成され、２０１５年よりさいたま観光大使を務めているのだという。こういう取り組みが住みたい街ランキングを上げる効果を持っていると思われる。

孤独な男性は美容消費が多い

美容消費について20～40代の男性も見てみる。孤独を感じる男性の消費額が５万円以上の趣味は以下である。１位のマンガ関連は予想通りだし、２位がお酒関連というのも男性の傾向としては納得がいく。

だが美容関連も18・9％と高いのだ。しかも「孤独を感じない」男性では11・7％、「まったく孤独を感じない」男性では7・5％しかなく、差が大きい。孤独を感じる男性ほど美容にお金をかけるのだ。

マンガ関連	30・6％
お酒関連	20・7％
音楽関連	19・8％
美容関連	18・9％
健康関連	16・2％
散歩関連	16・2％
野球関連	14・4％
推し活関連	13・5％

太った男性は自己管理ができないと見なされるので出世ができない、といった風

潮の中で現在の40代以下は生きてきたので、体型も含めて美容には敏感なのだろう。育毛剤はもちろん男性向けスキンケア商品も増え、しわ、しみなどのための商品も増えている。ジムに行く男性も増えたし、サプリメントを飲むのは日常化している。男性は仕事ができれば見かけはどうでもよい時代は大昔の話。仕事ができることと見かけが良いことは比例するとすら考えられる時代になった。だからおそらく見かけに自信が持てない男性ほど孤独になり、美容消費を増やすのだろう。

健康関連は16・2％と女性より少し多い。音楽関連は19・8％で女性より多い。バンドをする人、CDやLPを買いあさる人などはたしかに男性のほうが多いが、それは孤独とも関連しているらしい。散歩関連も女性より多い。もちろんお酒関連とも相関しているだろう。

野球関連が14・4％いるのも興味深い。ちなみにサッカーは9・9％である。サッカー・野球以外のスポーツも9・9％である。野球は孤独な男性が好むらしい。サッカーと比べると、投手、打者という個人対個人の戦いの局面が多いこと、監督の命令に従うことといったあたりが孤独感と親和性があるのかもしれない。

以上のように孤独感というものは実は現代の消費にとって非常に普遍的な土壌である。これまで述べてきた家庭内で孤独を感じる人以外にも、単身者、高齢者、離別者、親が離別した子どもなどなど、孤独を感じやすい人たちが増えているからだろう。

孤独は消費を増やす

もちろん孤独を感じない人でも消費額が多い分野はあるが、**孤独を感じる人より感じない人のほうが消費額が明らかに多い分野は今回の調査ではなかった。**

あえていえば女性の健康関連消費額で、孤独をまったく感じない女性で20万円以上消費する人が７・５％と多く、孤独を感じる人ではゼロだったくらいである（孤独を感じる人は健康関連消費が少ないというのは、それはそれで問題がありそうだ）。

つまり、**孤独は消費を増やすのだ！**

なお、信仰関連消費は孤独度と相関が高いのではないかと思われる読者がいると思う。だが集計してみると、孤独を感じる人のほうが感じない人より信仰消費が多い傾向はあるものの、5万円以上消費する人は数%であり、金額は大きくなかった。

また信仰消費は60代の男性で突出して多いことから、特に現代的な意味があるというよりは伝統的・慣習的行為という側面が強いものと思われる。

さらに信仰消費は他の消費分野との相関がすべて高く、どれか特定の消費分野と際立った相関はなかった。つまりどんな消費をする人も一定の割合で信仰消費をするということだと考えられる。

あるいは、前述したように、推し活、お笑い、美容といった消費行動が現代では信仰の機能を代替しているとも言える。

もちろん、同じ信仰消費でも、真剣に自分の人生を占ってもらう人もいれば、一種の娯楽のようにおみくじを引くだけの人やテレビなどの占いを気にする人など多様なので、信仰の内容を細かく分類して質問をしなければ現代的な傾向は分析できないだろう。

第3章　一億総応援社会

応援消費はなぜ増えた

最近クラウドファンディングが定着してきている。日本クラウドファンディング協会によるとクラウドファンディング市場は近年目覚ましい成長を見せており、その市場規模は2017年度は77億円だったが、20年度は501億円となった。

また「応援消費」という言葉もあり、推し活から被災地への支援も含めたお金の使い方をそう言う。もちろんクラウドファンディングも応援消費の一種だ。

20年ほど前、スリランカで地震があり、大被害があった。私の知人の旅行業界の女性が、スリランカの被災地へのボランティアツアーを企画した。私は彼女を手伝って大手新聞社の記者を紹介し、そのツアーのことを記事にしてもらった。するとバス3台をチャーターするほどボランティアが集まった。こうしたボランティア活動の広がりを示す事例はおそらく他にもたくさんあるだろう。

ボランティア元年は一般に1995年だと言われる。阪神淡路大震災で全国からたくさんのボランティアが集まったからだ。もちろんそのずっと前からボランティア活動はあったが、それまでボランティアをしたことがない多くの人たちが初めてボランティアに目覚めたという意味で元年と言われるのだろう。２０１１年の東日本大震災のときはもうボランティアは普通の行動になっていた。被災地で炊きだしなどをする芸能人・有名人も格段に増えた。

私のまわりではリノベーションなど建築関連の資金を募るクラウドファンディングが多いが、もっと深刻なものもある。いわゆる「袴田事件」でも「再審無罪」のために「最高裁に立ち向かう、弁護団に応援を」というクラウドファンディングで１８００万円ほどが集まったという。

また、クラウドファンディングはＮＰＯに代わる、あるいはＮＰＯに追加された社会参加の仕方かもしれないと私は思う。この30年近くＮＰＯ法人が増加し、社会の一翼を担い、多くの社会的事業を推進あるいは「応援」してきたが、クラウドファンディングはそういう社会的応援を気軽に行う手段だからだ。

ＮＰＯの認証法人数は１９９８年度には23しかなかったが、99年度に１７２４、２０００年度に３８００になり、以後２０１１年まで毎年３０００から５０００くらい増加した（内閣府資料）。その後増加傾向は弱まり17年度は5万1866、その後微減し22年度は5万368である。先ほど述べたようにクラウドファンディングの市場規模は17年度に急増しているから、クラウドファンディングの増加とともにNPOが減少している。

スポーツ報道による応援の日常化

どうしてそんなに応援消費が増えたのか。その理由を少し考えてみる。

最大の理由は、そもそもメディアを通じて国民全員が一緒に何かを応援する機会が増えたことであろう。2つの大震災も大きな契機であるが、日常的には特にスポーツである。40年前なら野球（プロ、高校、大学）くらいだったのが、今はサッカー、フィギュアスケート、五輪各種目など、あらゆるスポーツが毎日のようにメディアに乗り、応援の対象になる。

若い人は知らないだろうが、ニュースで毎日こんなにスポーツニュースを放送するようになったのは、この30年ほどのことである。50年前はスポーツの結果をテレビのニュースで動画で流すのは野球、大相撲、五輪くらいであった。その動画もほんのわずかであった。今から考えると信じられないくらい地味な報道だった。

だからフジテレビの「プロ野球ニュース」が1976年に始まり、全試合のハイライトを動画で放送するようになったのは画期的だった。テレビ朝日（当時はNET）が「大相撲ダイジェスト」という番組で全取り組みを報道した。まあ、これくらいしか動画の詳しいスポーツ報道はなかったのである。

ところが、おそらく92年にJリーグが始まったことが大きな契機だろうが、スポーツは金になる、ナショナリズムも盛り上げられるという裏の意図もあって、メディア露出が飛躍的に増えた。五輪報道も、昔は五輪が始まる頃からようやく報道が始まったが、今は年がら年中五輪候補選手の活躍が報道される。卓球でもバドミントンでも動画で報道される。そして頑張れニッポン、頑張れ○○選手と、応援をし続ける。もちろんインターネット情報が加わったことで、テレビ放送されないときでもいつでもどこでも応援は可能であり、各種グッズを買うことでも応援できる。

コミュニケーションとしての相互応援

そして応援した選手が活躍すれば「感動をもらう」「勇気をもらう」「元気をもらう」という形で応援した側が応援されるのである。そこには「相互応援」的な構造が成立している。

また、ポップスの歌手がグループ中心になったことの影響もあろう。坂道系、ジャニーズ系、ダンスユニットなど、近年のポップスの多くが一人で歌うものではなく、集団による歌とダンスであり、かつそこに強力なリーダーがいるというより、メンバーがお互いに助け合い、支え合い、励まし合う関係にある。つまりメンバー同士が応援し合っているのであり、それを見たファンがますます彼らを応援し、彼らもまたファンに感謝し、ファンを応援するという「相互応援」的な構造になっている。

スポーツ中継でも選手同士が励まし合う姿が多く映し出される。これは現代のスポーツの特徴であり、スポーツ報道の特徴でもある。昔はカメラの性能が悪かったので野球のベンチの中まで撮影することはなかったし、選手同士も今ほどことあるごとにお互いをハイタッチなどのアクションでたたえ合うことはなかった。スポーツはファンが選手を応援するだけのものから、選手同士が応援し合うものとなり、その選手同士の応援の姿に感動するというものになったのだ。

そういう意味で現代の日本は「一億総応援社会」である。つねに多くの国民が誰かを応援し、誰かに応援され、お互いが応援する姿に感動しているのだ。

こうした応援消費は私の言う「第四の消費」的な行動であると見なすこともできる。物の豊かさの追求よりも、心の豊かさ・人間関係・つながりが重視される社会になり、お互いが応援し合うことによろこびを感じるようになったのである。

逆に言うと、応援したくなるものが増えたとも言える。つぶれそうな映画館や商店や喫茶店や料亭などの、古くて懐かしい、住民の記憶が詰まったところが、営業をやめることが増えた。そういうところが、なんとか営業を継続できるように応援する、廃業は決まったが最後くらいは店に行く、ということが増えたように思う。

クラウドファンディングは若い世代に定着

さてアンケートの分析に入る。本調査では、冒頭に示したような設問をしたので、野球の応援は野球関連、サッカーの応援はサッカー関連、アイドルの応援は推し活関連というように分類し、応援消費は「被災地やコロナで苦労している人への応援」と非常に狭く定義した。だがどの消費も何割かは「応援消費」であり「推し活消費」であることはすでに述べた。

なお今回のアンケートではクラウドファンディングは対象となる分野をまったく限定しなかった。また応援消費を「被災地やコロナで苦労している人への応援」と狭く限定した。

まず応援消費やクラウドファンディングの金額が多いほど推し活消費額も多いことは明らかである（図表3-1、3-2）。

年齢別ではクラウドファンディングは若い人ほど多く、男性のほうが女性よりかなり多い。特に20〜34歳男性で多い。推し活消費は女性のほうが多かったので、そ

●応援消費・クラウドファンディングと推し活の相関は高い

図表3-1　応援消費額別推し活消費額

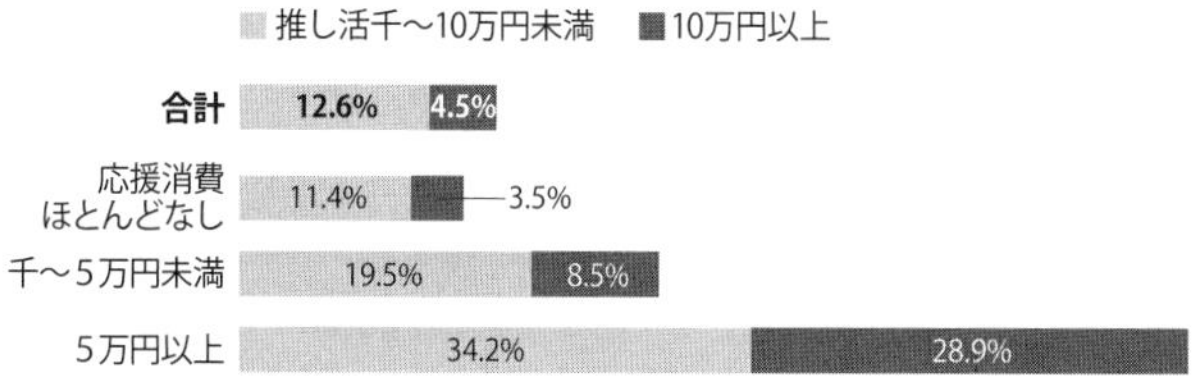

資料：カルチャースタディーズ研究所「シン家計調査」2023

図表3-2　クラウドファンディング消費額別推し活消費額

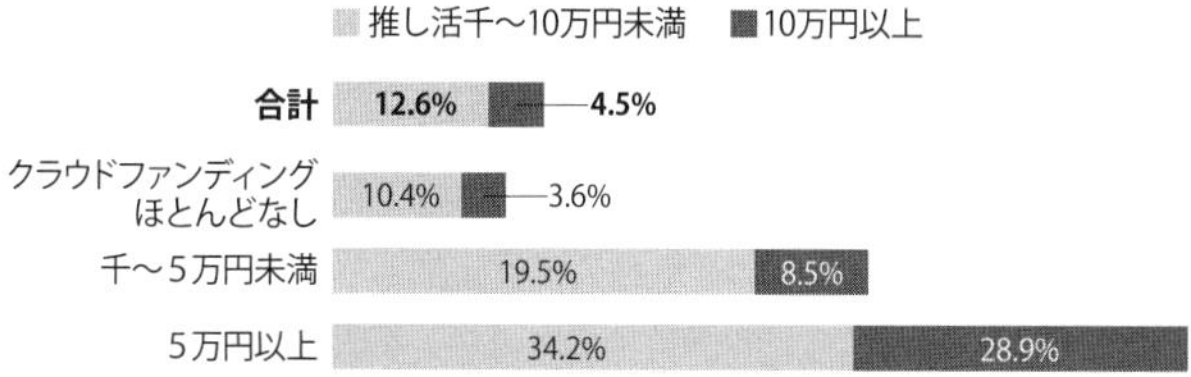

資料：カルチャースタディーズ研究所「シン家計調査」2023

の逆である（図表3－3）。すでに若い男性ではクラウドファンディングがかなり定着していると言える。クラウドファンディングをすることが現代の一種のエリート的な行動であるという認識が広まっているのではないかと思われる。

他方、応援消費はやはり20〜34歳男性で金額が多い。女性は中高年のほうが若年よりも多かったが、20〜34歳男性のクラウドファンデ

●若い人ほどクラウドファンディングが多く、中高年ほど応援消費が多い

図表3-3　男女年齢別・クラウドファンディング消費額

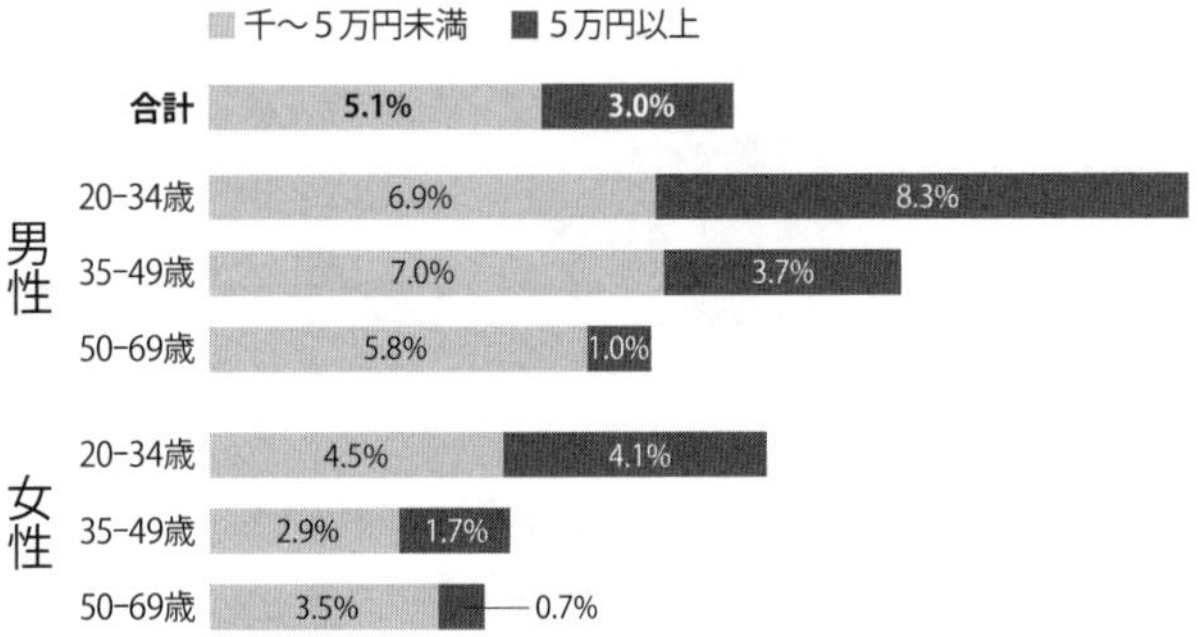

図表3-4　男女年齢別・応援消費額

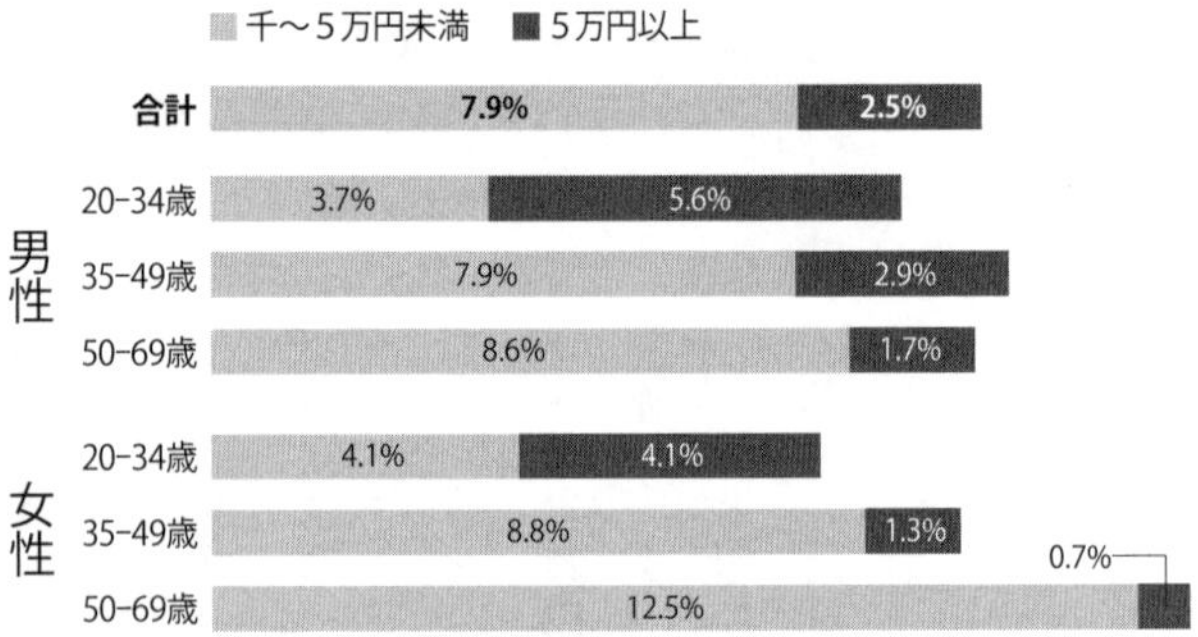

資料：カルチャースタディーズ研究所「シン家計調査」2023

ィングほど多くはなかった（図表３－４）。

高級品よりクラファンのほうが階層意識をくすぐる

またクラウドファンディング消費額別の応援消費額を集計すると20〜34歳男性ではクラファン消費額が上がるほど応援消費額も上がる傾向がはっきり現れる。そこで以下の分析では20〜34歳男性のクラウドファンディングについて見ていく。

階層別では35〜49歳男性では上流のほうがずっとクラファン消費が多い（図表３－５）。また概して学歴が高いほどクラウドファンディングが多く、特に20〜34歳でそうである（図表３－６）。おそらく若い男性においては、一種のノブレスオブリージュあるいは衒示《げんじ》的消費（見せびらかしの消費）としてクラウドファンディングがされているのではないかと思われる。昔なら家や高級車やゴルフセットなどを買うことで自分の成功・地位を示していたのが、近年の若い世代はクラウドファンディングによってそれを示す、という側面があるのではないだろうか。

だがクラウドファンディングと年収や預貯金との相関はない。経済的な高さより

●上流中年はクラウドファンディングが多い

図表3-5　35－49歳男性　階層別クラウドファンディング消費額

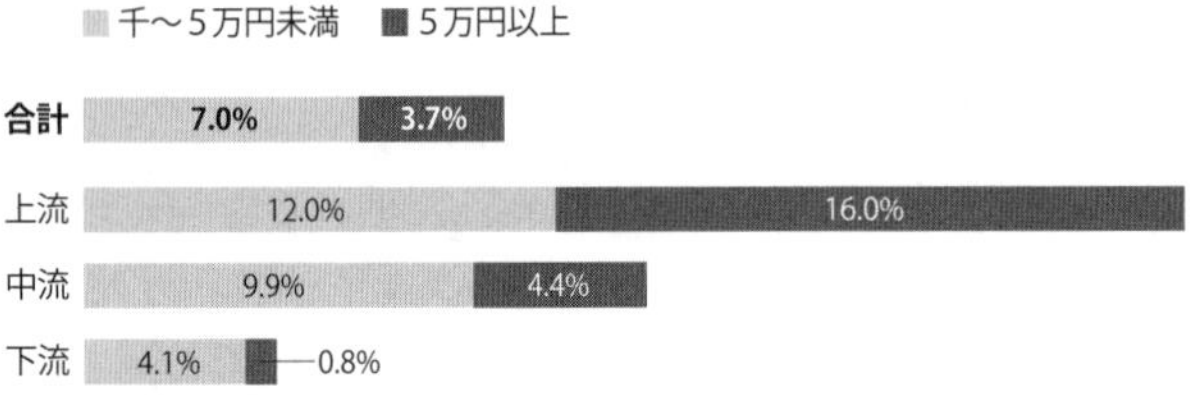

資料：カルチャースタディーズ研究所「シン家計調査」2023

●若年男性は高学歴だとクラウドファンディングが急増

図表3-6　20－34歳男性　学歴別クラウドファンディング消費額

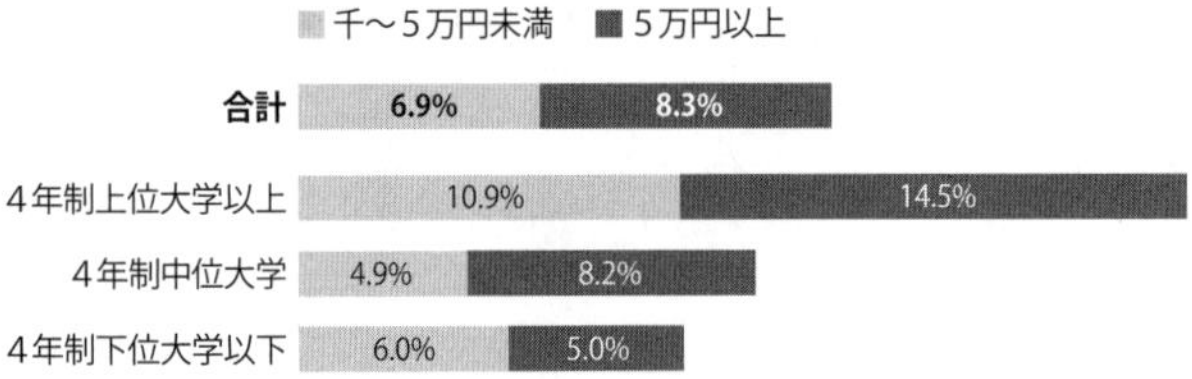

資料：カルチャースタディーズ研究所「シン家計調査」2023

も学歴の高さに裏打ちされたなんらかの社会貢献意識の高さがクラウドファンディングを支えているのではないかと思われる。

　たとえば富裕層と一般層の間の所得格差拡大を認知している人、正社員と非正規社員やフリーター等との間の格差拡大を解決すべき重要な社会問題と考える人はクラウドファンディング金額が多い傾向がある。ただし、その他の社会意識を見ても、クラウドファンディングをする人が明らかに社会意識が高い人だと言えるほどの傾向は発見できなかった。そういう意味では社会問題解決型のクラウドファンディングよりは、自分が応援したくなるものにお金を出すという心理のほうが大きいのではないかと思われる。

応援消費で「徳を積む」

私の旧知の30代女性（平成世代）も、最近は「徳を積む」ために応援消費をするという。たとえばオーストラリアの森林火災やトルコの大地震への募金に参加している。彼女は本書が取り上げるような消費活動はほとんどすべて行うような「トレンド女子」であり、寄席で講談を聞く、婚活・開運のために神社に行く、サウナに行く、アフタヌーンティーを楽しむ「ヌー活」をする、ピクニックをする、格闘技を見に行く、生け花を習う、商店街でコロッケを買う、家で料理をするなど、最近若い世代で増えているということはひととおりしてきた。若い頃からずっと、五反田TOCで韓国コスメを買ったり、韓国に買い物やエステに行ったりしていた。それは今もやめてはいない。

　彼女は有名企業の総合職であり年収も高い。だから多様な消費ができる。最近は彼氏と同棲を始めた。だから料理をしたり、商店街で買い物をしたりするようになったのだろう。高校時代は渋谷センター街で遊びまくるギャルだった。

　あるときセンター街でマーケティング調査員に声をかけられ、自分が好きな商品について語った。こういう仕事があるなら、自分もしてみたいと思った。そこで受験勉強を頑張り有名大学に入った。大学時代は百貨店の化粧品売り場とパン屋でバイトした。就職は最初は証券会社、それから美容情報の仕事、そしてイベント会社、今は大手ＩＴ系である。

　つまり過去20年近くずっと消費の最前線にいたし、職業でも時代時代の最前線にいた。そういう彼女が「徳を積む」と言って応援消費をしているのである。

第4章　昭和レトロは孤独な中年男性の癒し

バブルからレトロが始まった

本章では昭和レトロ消費について分析する。昭和レトロはこの30～40年続く長期トレンドであり、特に近年は若い女性を中心に昭和喫茶ブームが起こるなど話題に事欠かない現象である。いわば「時代を推す」現象だからである。

まず試みに紀伊國屋書店ブックウェブで「昭和30年代」で検索すると644冊、「レトロ」で検索すると921冊、「懐かし」だとなんと4374冊もの結果が出た。「懐かし」で検索して出てきた本を刊行年別に見ると以下である。

1970年から84年　14冊
1985年から94年　47冊
1995年から99年　69冊
2000年から2004年　143冊
2005年から2009年　219冊

２０１０年から２０１４年　２０３冊
２０１５年から２０２２年　４１９冊

あきらかに２０００年代に急増し、２０００年代以降は1年平均40冊から50冊ほど「懐かし」本は出ている。ほぼ毎週1冊出ている勘定だ。

銭湯研究家の町田忍の『銭湯へ行こう・旅情編』が出たのは１９９３年、昭和レトロ収集家の串間努の『まぼろし小学校――昭和B級文化の記録』が96年である。バブルが崩壊し、過去を懐かしむ風潮が出て、それが一気に２０００年代以降に拡大したと言える。

私の記憶ではTBSの『テレビ探偵団』が本格的レトロ番組の最初で、１９８６年から92年まで放送されている。ちょうどバブル期である。バブル経済が地価高騰を生み、再開発や固定資産税の問題で、古い家や商店、銭湯などを破壊するようになると、みんなが古い文化を惜しむようになった。INAXブックレットで『いま、むかし・銭湯』が出たのが１９８８年。ここでも町田忍がすでに寄稿しており、同時に建築家・建築史家の藤森照信も寄稿している。藤森は『建築探偵の冒険・東京篇』を1986年に出しており、これもバブル期建築レトロブームの火付け役だったと言える。

全世代がレトロ消費をする

1980年代にレトロブームを担ったのはおそらく1945年の終戦直後生まれから1960年頃に生まれた世代だろう。高度経済成長が本格化した時代に子ども、少年だった世代である。日本でテレビ放送が開始されたのは1953年だが、1958年の東京タワー竣工によって全国放送が可能になった。彼らが楽しんだ初期のテレビ番組、1958年に創刊された『少年サンデー』『少年マガジン』といったマンガ週刊誌、1954年に公開された映画『ゴジラ』、1960年以降放送された『少年探偵団』『ハリマオ』『ウルトラQ』『ウルトラマン』などのテレビ番組、それらと関連したおもちゃなどを、大人になってから懐かしむようになったのだ。

こうしてみるとレトロ消費は従来男性に多かった。メンコとかグリコのおまけとかブリキのおもちゃとか怪獣とか、子ども時代に親しんだ昭和レトログッズに関心を示すのは主に男性だった。例外的にリカちゃん人形をずっと好きな女性は昔もいて、リカちゃん人形の本も多数出版されてきた。増淵宗一著『リカちゃんの少女フシギ学』が出たのはやはりバブル期の1987年である。

レトロ消費が1980年代後半から始まるとして、それからもう35年経つのだから、1970年代生まれも、80年代生まれも、いや90年代生まれも、その世代なりに過去を懐かしむのが現在である。後述する古着ブームでも、最近は1990年代物が1ジャンルになっている。高円寺ルック通りが古着屋街として注目されたのは、おそらく1994年の女性ファッション誌『CUTiE』の記事が最初である。同時に裏原宿が発展して古着屋も増え、「裏原」ブランドが栄え、スニーカーブームもあり、1980年頃に生まれた世代は男女問わず高校生になると「裏原」に行くようになった。だからそれが懐かしいのである。

さらに現代は、20代がレトロを新しい刺激として消費する。祖父母や父母の若かった時代の文化や物を楽しむ。昔のファッション、クルマ、家電、LP、カセット

●昭和レトロ消費は20代男女で多い

図表4-1　20ー60代男女　年齢別昭和レトロ消費額

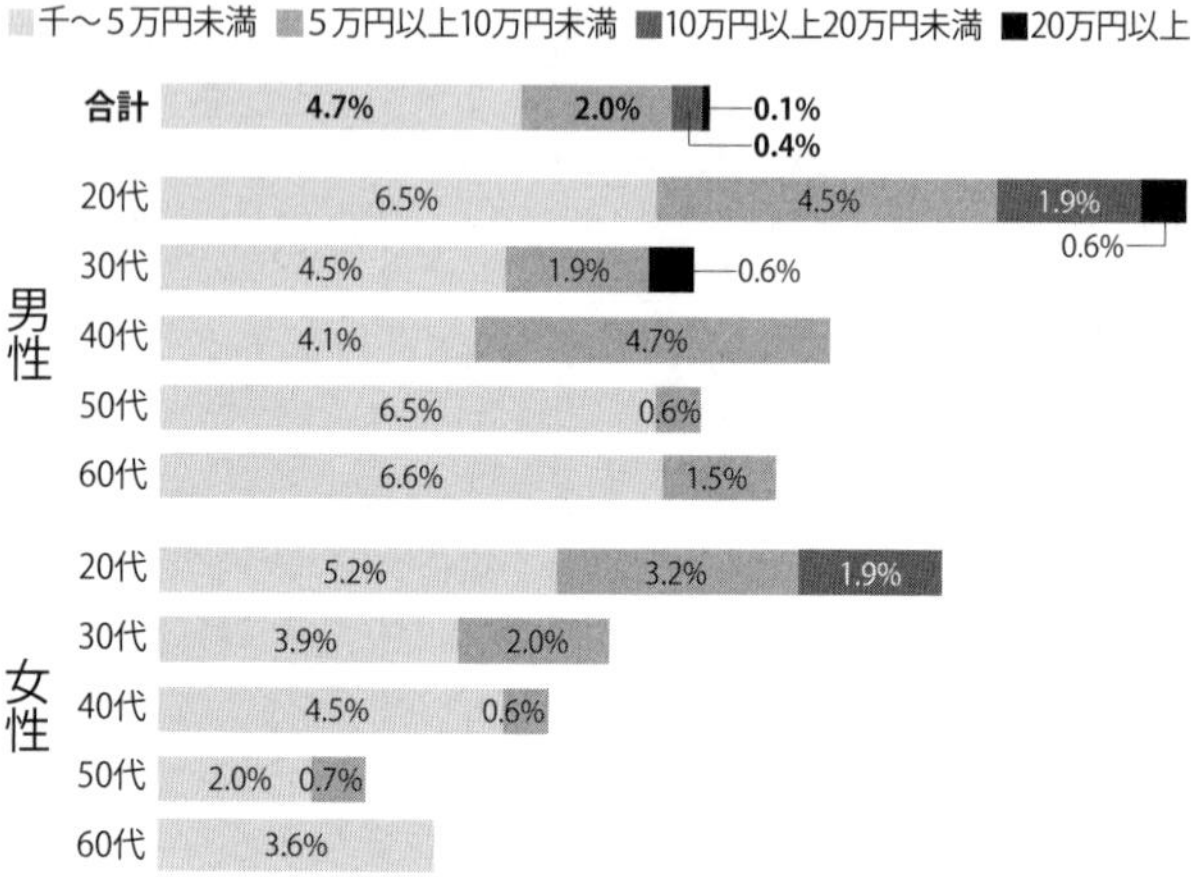

資料：カルチャースタディーズ研究所「シン家計調査」2023

テープなどが若い世代の興味の対象になる。このように現代は、20代から70代までがレトロ消費をするのである。

今回の調査でも昭和レトロ消費は男女差はあまりなく、年齢別では20代男性、ついで20代女性で多い。また男性は20代以外に40代でも昭和レトロ消費が多めだが、女性は20〜30代の若年層にほぼ限られる（図表4-1）。

そういうレトロ市場が女性にも拡大し多様化してきたのがこの30年ほどの傾向であろう。30代の女性がセーラームーンを懐かしがり、六本木ミュージアムでセーラームーン展が開催されたのは2022年。また東京・文京区の弥生美術館では少女マンガやファッションイラストなどの展覧会が継続的に開催されて多くのファンを集めている。

レトロ趣味に潜む学歴格差

20代の昭和レトロ消費を学歴別で分析してみる。すると、興味深いことに4年制上位大学卒以上とそれ未満で歴然とした差がある。特に女性で差が激しく大きい（図表4－2）。

昭和喫茶などは学歴とは関係ないと思うのだが、そもそも4年制上位大学以上と未満で情報の入手の仕方が違うのかもしれない。

たとえば4年制上位大学以上になると総合大学が多い。自分の専門以外にも、文学、歴史、経済、法律、建築、科学などなど多様な学問や情報を学ぶ・知る機会が増え、大学内の交友関係やさまざまな部活動・サークル活動などを通しても多様な知識が身につく。その一つとして昭和レトロ情報があるのだろう。

●４年制上位大学以上になると昭和レトロ消費が増える

図表4-2　20代女性　学歴別昭和レトロ消費額

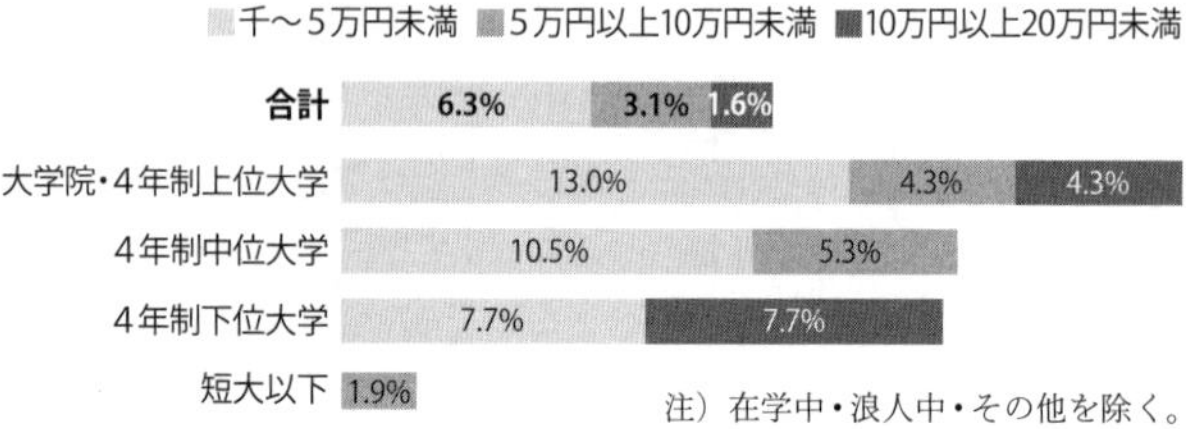

注）在学中・浪人中・その他を除く。
20万円以上はなかった

資料：カルチャースタディーズ研究所「シン家計調査」2023

たとえば「一般の人があまり知らないテーマで話ができる、尖ったコミュニティに参加する」人ほど昭和レトロ消費が多いという傾向が男女ともにある。大学院・４年制上位大学卒の20代女性は「尖ったコミュニティに参加する」に「あてはまる」「ややあてはまる」合計で27％だが、短大以下の女性は13％と、学歴が上昇するほど参加率が高まるのだ。結果、学歴が高く尖ったコミュニティに参加する女性ほど昭和レトロ消費も多いということになる（図表４-３）。

昭和レトロ消費についての情報が尖った情報だとは必ずしも言えないが、自分の生きている時代・空間とは別の文化を知り、実際にその文化の中にいた年上の世代（大学教授、先輩、上司など）

●尖ったコミュニティに参加できる若い女性ほど昭和レトロ消費をする

図表4-3　20代女性　尖ったコミュニティ参加度別昭和レトロ消費額

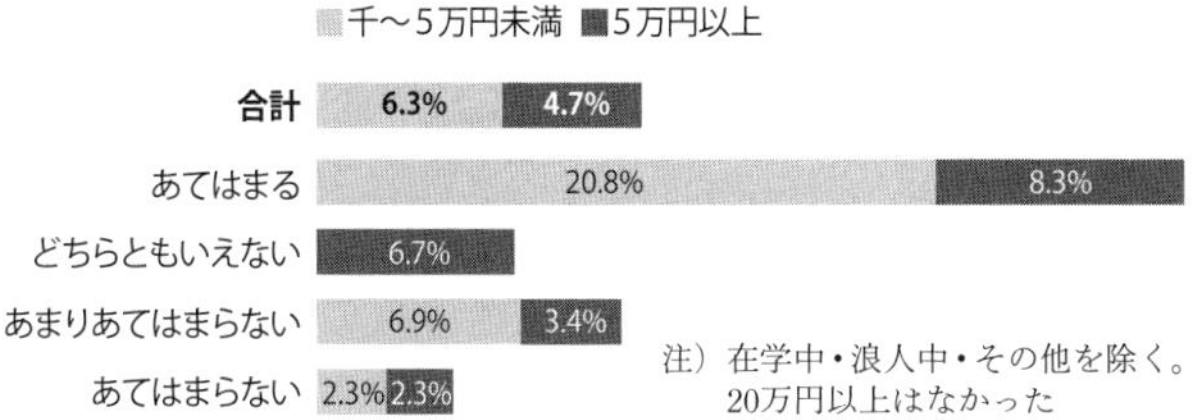

注）在学中・浪人中・その他を除く。
20万円以上はなかった

資料：カルチャースタディーズ研究所「シン家計調査」2023

と話すといった機会が特に4年制上位大学以上に入ることで増える。文化情報は学歴が高い人のほうが多様に大量に持っている傾向があるので必然的に彼らの昭和トークも耳に入るのであろう。ビートルズ、学生運動、演劇、喫茶店、銭湯、フォークソング、バブル時代などなど、今の時代とは異なる時代の無数の文化情報が入りやすくなる。対して4年制下位大学、短大以下になると、専門学校的な教育になるので、知識の広がりが得にくい。

　このように、昭和レトロ消費というと、なんだかのんきな趣味に思えるが、その背後には学歴による趣味の格差（ディスタンクシオン）が潜んでいたのである。

●レトロ志向は未来の肯定である

図表4-4　20代　日本の将来認識別昭和レトロ消費額

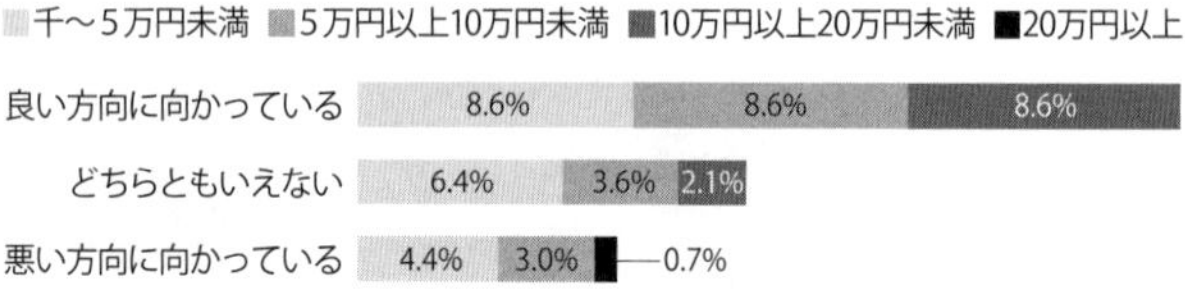

資料：カルチャースタディーズ研究所「シン家計調査」2023

昭和レトロは保守指向のあらわれか？

　また、昭和レトロ消費に向かうのは将来の日本への期待がないからかと思ったが、逆だった。日本の将来が良い方向に向かっていると回答する20代のほうが昭和レトロ消費をたくさんしている（図表4－4）。昭和レトロ消費志向は、日本は良い国だという認識と一致し、だから今後も良い方向に向かうと考えるのであろう。良い方向に向かうということがそのまま未来志向かどうかはわからないが、悪い方向に向かうと考えるよりは未来に対してポジティブであろう。また、懐かしいと思える時代がたくさんある国は良い国だという心理もあるかもしれない。したがって将来への不安の大きさと昭和レトロ消費にも関係がない。若い世代にとって昭和レトロ消費はポジティブな過去を肯定する消費らしい。

アメリカでも黄金の１９５０年代を肯定する人はたくさんいる。データは持ち合わせていないが、そういう人ほど政治・社会的には保守的で、しばしばトランプ支持者なのだろうと思う。

私は郊外研究をする過程で１９５０年代のアメリカの黄金時代の生活文化研究もしたが、１９９０年代はまだ50年代アメリカに関する本が少なかった。ところが今やアマゾンで見ると、１９５０年代を懐かしむ本が無数に出ている。１９５０年代に少年期だった世代、つまりアメリカのベビーブーマーが当時を懐かしんでその種の本をたくさん買うのだろうと思われる。そういうレトロ趣味とアメリカをもう一度偉大にするというトランプの主張は一致している。日本でも「日本を取り戻す」という安倍元総理の主張とレトロ趣味が関連していないとは言い切れない。

それと関係すると思うが「これまでの慣習に従うことが大事だ」と思う人ほど昭和レトロ好きという傾向がある（図表４－５）。考えてみれば当然の相関である。

他方で「お互いに助け合う（共助）よりも、各自が自己責任を果たすべきである」

●昭和レトロは日本大好き・保守志向？

図表4-5　20代　慣習重視度別レトロ消費

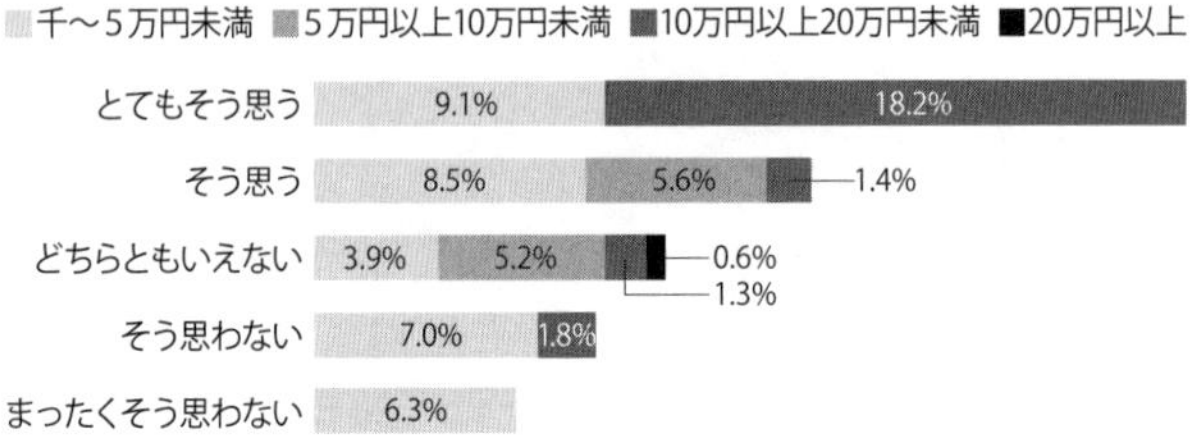

図表4-6　20代　自己責任重視度別昭和レトロ消費

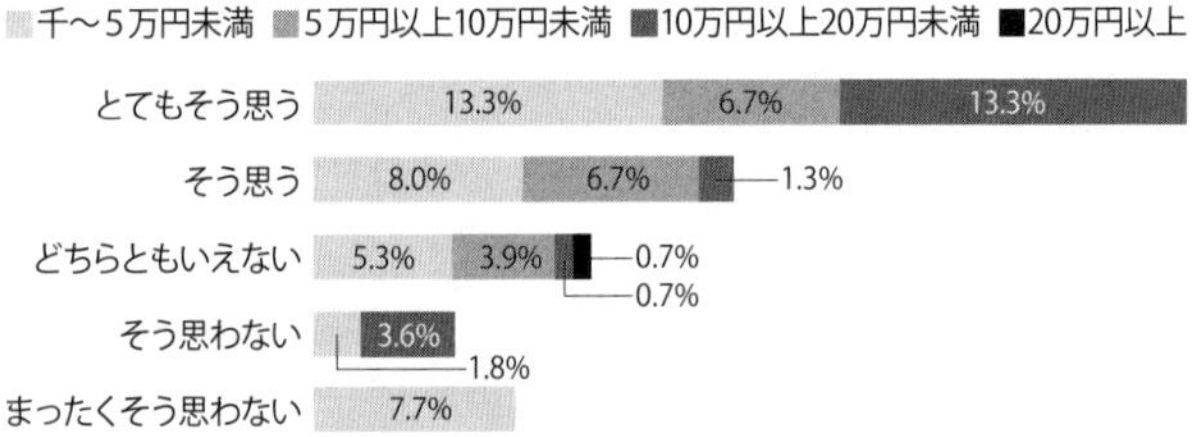

資料：カルチャースタディーズ研究所「シン家計調査」2023

と思う人ほどレトロ消費が多いのである（図表4－6）。これらはおそらく自民党支持層や維新支持層と同じ傾向であろう。このように、昭和レトロ消費には、単なる消費価値観を越えた、政治価値観がからまっているようである。もっと具体的に言えば昭和レトロ消費は「日本大好き消費」なのではないかと思われる。

たとえば「あなたは、日本や自分の地域の文化・芸

図表4-7　20－60代男女　日本や自分の地域の文化・芸術を通じた豊かさ実感別昭和レトロ消費額

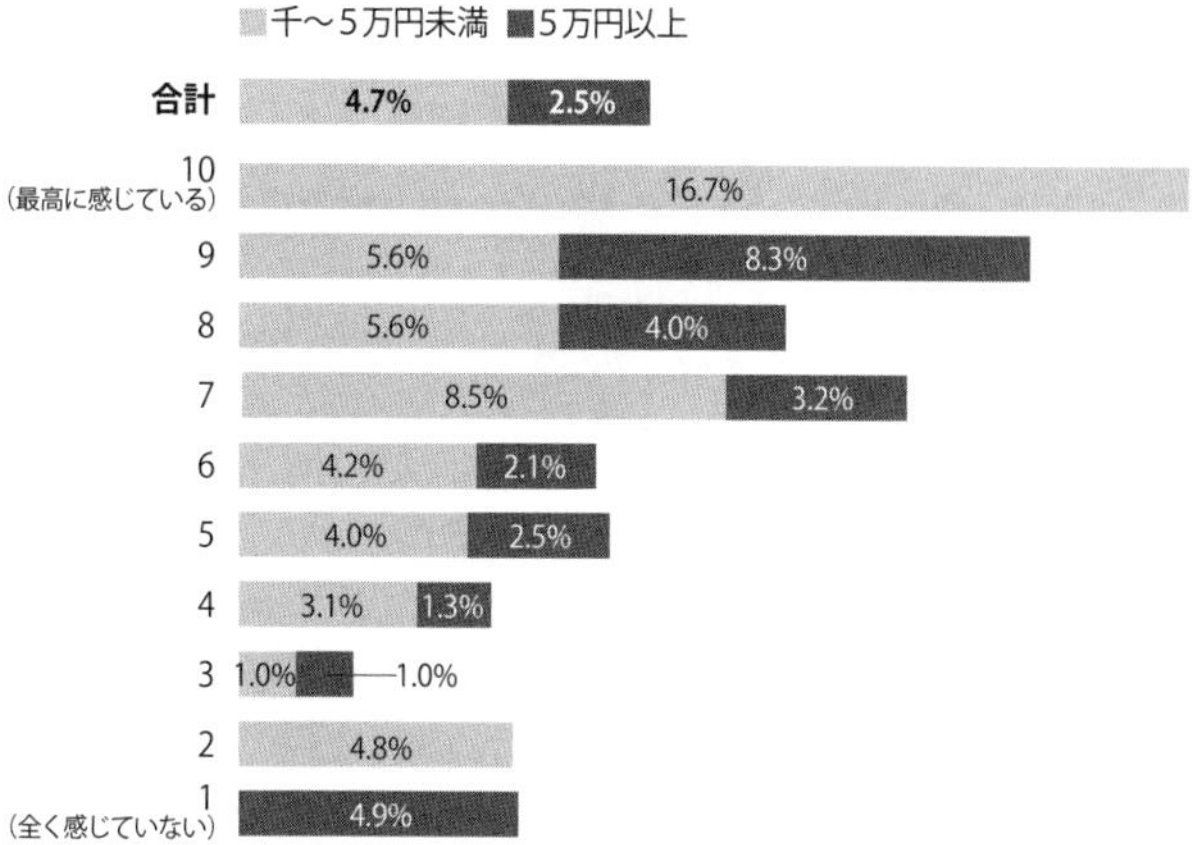

資料：カルチャースタディーズ研究所「シン家計調査」2023

術を通じて、どのくらい生活の豊かさを感じていますか」という問いについて「1：全く感じていない」〜「10：最高に感じている」の間で選んでもらった回答を、昭和レトロ消費額とクロス集計すると、豊かさを感じている人ほど昭和レトロ消費額が多いのである。特に10段階で7以上になると明らかに昭和レトロ消費額が増える（図表4－7）。

孤独な中年男性は豊かな時代へのノスタルジーに癒される

また孤独な人ほど昭和レトロ消費

●孤独な中年男性は昭和レトロに向かう

図表4-8　35－49歳男性　孤独度別昭和レトロ消費額

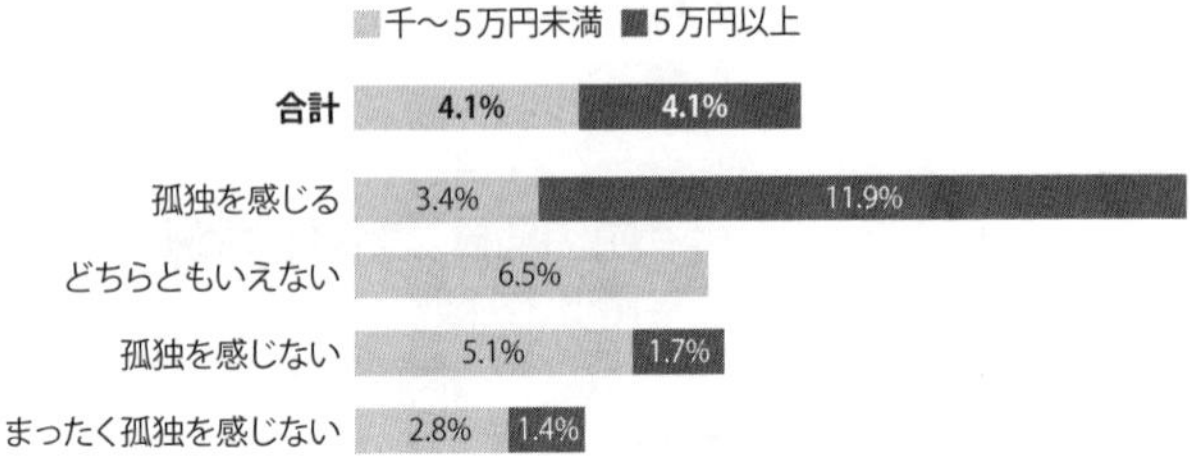

資料：カルチャースタディーズ研究所「シン家計調査」2023

が多い傾向が20～34歳や35～49歳の男性にある。特に35～49歳男性で顕著である（図表4－8）。

だが、地域の文化・芸術の豊かさの実感と孤独度の相関を見ると、孤独な人ほど日本や自分の地域の文化・芸術を通じた豊かさは実感しておらず、孤独でない人ほど実感している。その傾向は年齢を問わない。つまり逆説的だが、**豊かさを感じているのに孤独も感じているという人が昭和レトロ消費をする**のである。

豊かさを感じているのに孤独も感じている人とは誰かというと、男女とも未婚の人、男性では一人暮らしの人でその傾向が強い。豊かだった昭和という時代へのノスタルジーに浸り、日本はいいなあと思うことで孤独をまぎらわし、癒しを得るようである。

昭和レトロと中古品消費は相関する

昭和レトロ消費額が多い人は、中古品消費もおしなべて多い（図表4－9）。昭和レトロ消費額が5万円以上の人が中古品をいくらくらい買うかを集計すると、古着が最も多く10万円以上という人が23・5％である。以下、中古家具・古道具・骨董品、中古の家庭用品・日用品・食器・調理器具も多い。昭和レトロ好きはテーブルではなく卓袱台《ちゃぶだい》を使うとか、本棚も昭和初期の古い木の本棚を使うとか、食器も昭和喫茶のようなデコラティブな物が好きだとか、もちろん親や祖父母の世代の服が好きといった趣味があるので、こうした傾向になるのだろう。

東京・杉並区の村田商會では、昭和の純喫茶で使われたイスなどの家具や食器を集めて販売している。こういうビジネスが成り立つだけの需要があるのだ。

昭和レトロ消費が多い人は、物を修理をする金額も多く、パソコン、家電、AV関連などを修理している人が多い（図表4－10）。音楽好きなら古いレコードを古いステレオで聴くという人も多いので、ステレオなどを中古で買ったり、修理する

●昭和レトロ消費が多い人は中古品を買う・修理する・物をもらう・つくる

図表4-9　20−49歳男女　昭和レトロ消費額が５万円以上の人が中古品を買う金額

	５万円以上～10万円未満	10万円以上
古着	14.7%	23.5%
中古家具・古道具・骨董品	26.5%	17.6%
中古の家庭用品・日用品・食器・調理器具	26.5%	17.6%
中古パソコン・スマホ・タブレット	38.2%	11.7%
中古家電・ＡＶ機器・美容器具	38.2%	11.7%
使用途中の化粧品	38.2%	8.8%
古本・古雑誌	38.2%	5.8%

図表4-10　20−49歳男女　昭和レトロ消費額が５万円以上の人が物を修理した金額

	1～3万円	3～5万円	5万以上
パソコン・スマホ・タブレット	26.5%	20.6%	5.9%
家電・ＡＶ機器・時計	26.5%	20.6%	2.9%
洋服	26.5%	14.7%	5.9%
自転車	41.2%	20.6%	0.0%
家具	26.5%	14.7%	2.9%
インテリア・雑貨・照明器具・食器	41.2%	14.7%	2.9%
家	38.2%	8.8%	8.8%
自動車	26.5%	14.7%	2.9%

資料：カルチャースタディーズ研究所「シン家計調査」2023

図表4-11　20－49歳男女　昭和レトロ消費額が5万円以上の人が物をもらったことのある割合

洋服	73.5%
家具	64.7%
時計	64.7%
インテリア・雑貨・照明器具	61.8%
食品・酒	61.8%
野菜・果物・魚	61.8%
家庭用品・日用品・食器・調理器具	52.9%
着物	52.9%
家電	50.0%
化粧品・シャンプー・石けんなど美容用品	47.1%
自転車	41.2%
自動車	41.2%
家	35.3%

図表4-12　20－49歳男女　昭和レトロ消費額が5万円以上の人が物をつくったことのある割合

梅干	52.9%
雑貨・文房具・バッグ・人形	61.8%
家庭菜園・市民農園などでの野菜・果物	50.0%
梅酒	47.1%
梅酒以外の果実酒	47.1%
洋服	47.1%
編み物・刺繡	44.1%
梅干以外の漬物・ピクルス	41.2%
家具・インテリア	38.2%
家	32.4%

図表4-13　男女年齢別・梅干しをつくったことがある割合

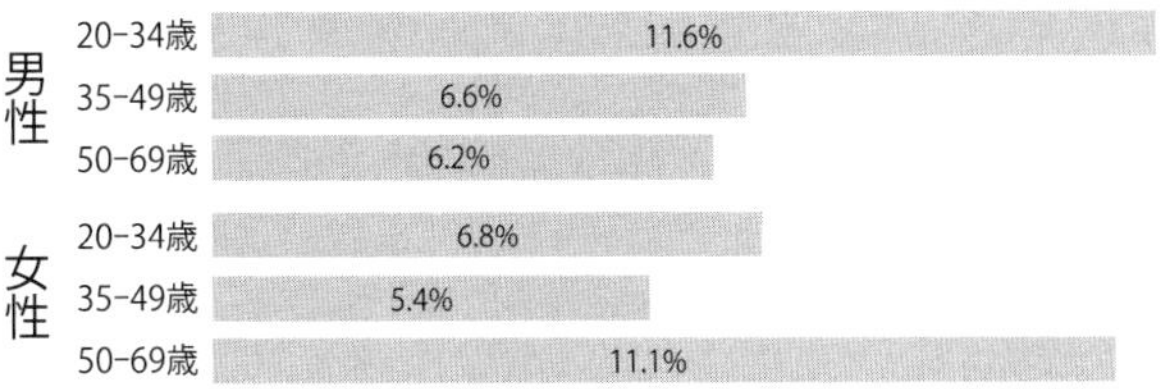

資料：カルチャースタディーズ研究所「シン家計調査」2023

ことも増えるのだ。

もちろん大多数の人は中古より新品が好きなので、ああ、これ、もう要らないから、あなた古い物が好きならあげるよ、ということで、レトロ好きな人は他人や友人から物をもらうことが増える。洋服、家具、時計、インテリア、雑貨などはかなりもらったことがある人が多い（図表4－11）。私も母が死んでから、実家の着物、食器など相当な数のものを、着物が好きな女性たち、昭和喫茶が好きな女性たちに上げた。ダンボール箱で全部で20箱以上は上げただろう。リサイクル業者に売っても二束三文なので、顔の見える人によろこんでもらえるなら、ただで上げたほうがこちらもうれしいのだ。

また最近はいわゆる「ていねいな暮らし」系を志向する人が増えたせいか、梅干し、梅酒、味噌、納豆などを自分でつくる人が増えた。一人だと挫折するのでワークショップを開いてみんなでつくるということも増えている。食品以外でも、昭和レトロ消費が多い人は、雑貨や洋服をつくる人が多い（図表4－12）。

市民農園、シェア畑も増えており、若い男性でも野菜作りをすることが増えたようだ。私の知り合いの60代女性によると、彼女の行く市民農園でも、若い男性のグループがきゃっきゃ言いながら畑仕事をしているという。

また興味深いことに、たとえば梅干しをつくったことがある割合は50〜69歳女性で多いのはわかるが、それより多いのは20〜34歳男性である（図表4-13）。母親を手伝った可能性もあるが、それにしては若い女性は少ない。若い男性の価値観・行動もだいぶ変わってきているのだろう。

第5章　古着が消費を変え、地方を再生する

古着にはまった私

本章では昭和レトロ消費額が多い人が最も消費する古着について分析する。最初は気づかなかったが、古着の人気を分析することは、取材を重ねてみると、現代の消費者心理を考える上でとても有効だし、消費のみならず中心市街地活性化や空き家問題などの地方再生を考える上でも役に立つことがわかった。

その前に私事。私は最近急に古着にはまってしまったのだ。どれくらい最近かというと2022年11月からである。ごく最近だ。

なぜはまったかというと、知り合いの建築家の横溝惇さんの事務所で働く24歳の若手社員が古着好きで（横溝さんも今40歳くらいで高校生時代から古着好き）、彼が最近GAP《ギャップ》の古着が流行っていると教えてくれたからである。

「え！　GAPの古着が売れるの？」と私はびっくりして何度も聞き返した。なぜなら私にとってGAPとは1990年代以降世界中でチェーンストア展開する安物ブランドであって、子供服は買っても自分のためには買わないというものだったからだ。

どれくらい安物かというと、買った途端にコートのボタンがはずれたこともあった。90年代初頭はまだ中国製ですら珍しく、洋服は日本製が普通だった。輸入物は、イタリア製とかフランス製とかイギリス製とかアメリカ製、つまりそのブランドの本国製であった。ところがGAPは90年代でもアジアか中南米かアフリカのどこかの国で生産されていたと記憶する。だから縫製が悪かったのだ。

そのGAPの古着が人気なんて、どういうこと？　と私は思った。そこで高円寺の古着屋をまわってみた。たしかにいくつもの店舗でGAPが売られていた。そして古着屋のGAPはオールドGAPと呼ばれていることを知った。GAPに限らず古き良き時代のブランドはオールドGUCCI《グッチ》などのように呼ばれるのである。

古き良きとはつまり、本国生産とか、デザインや布地や縫製が良かったとか、その国らしさがあったということであり、世界中のショッピングモールや空港に本格的にチェーン展開して無難な量産品を売る前という意味があるらしい。たしかに私も昔伊勢丹で買ったアウトドア用のリュックが2万5千円くらいした。それがチェーン展開してからは数千円の大衆価格になった。

食べ物でもそうだが、本店が有名な店でも駅ビルに入ると味が落ちがちだ。だが本店で買ったことがない人は有名だからという理由で飛びつく。フランスの美味しいパン屋や惣菜店が日本では美味しくないこともある。まあ、海外だと原材料も違うから当然だが、とにかく多店舗展開、大量生産が進むと質が落ちることが多いのはたしかだ。

マルジェラをついに買った

私はそれまで古着を5回くらいしか買ったことがなかった。仕事柄試しに買うのだがいつも後悔した。古着独特のにおいがしたり、生地が傷んでいて肌触りが悪かったり、ジーンズはそれまではいていた人の体型に合わせて変形しているので自分が着るとしっくりこなかった。

だが、だが、物は試しと久しぶりに高円寺の古着屋に来たことだし、何か買うことにした。私は一応広い意味でバブル世代だし、若い頃はファッションビルのマーケッターだし、GAPを買う気はしないので、いろいろな店を物色していると、欧米高級ブランドの古着の店が見つかった。セリーヌとか、レディースだけどとても良い状態のものがあって、自分が女性でサイズが合ったら絶対買うなあというものがあった。メンズは品数が少ないが、ふと見るとダナキャランの薄手のニットで帽子付きセーターがあった。試着するととても似合う（笑）。即買いした。

吉祥寺にも行ってみた。古着屋チェーンに入ると、ブランドコーナーがある。知ってはいるが新品だとすごく高いブランドは、古着でも3万円以上と高いが、その中にマルタン・マルジェラのセーターが2万円台であったので、これも早速試着した。表示サイズはSだったのでLかMの私には小さいはずだが、非常にいい糸らしく伸縮性が優れていて問題なく着られたので買うことにした。マルジェラを買ったのはこれが初めてだ。20年以上前、私は毎日恵比寿、代官山、原宿、下北沢、高円寺あたりをうろうろしていたが、そのとき恵比寿のマルジェラの店に行って、卵の紙製パックが高額で売られていたのでびっくりして以来、マルジェラに注目していたのだ。だが買ったことはなかった。

私はその後3ヵ月で古着を10着以上買ってしまった。ネットでも買ったが、やはりじかに見て買うほうがよいと思った。とはいえ、じかに見られる範囲では数が限られているから、ネットも活用した。こだわりの個人店の古着屋は信頼できるが、必ずしも欲しいものがあるとは限らない。だがチェーンの古着屋は量が多いので、探せば良い物が安く買えた。

1980年代のDCブランド（コムデギャルソン、イッセイミヤケなど）が多数ある古着屋も高円寺で見つけた。Y's（ワイズ）の長袖シャツがあり、珍しい色だったので買ってみた。「若い頃はこういうブランドをよく着られていたんですか」と20代の店員に聞かれた。「いや、それほどたくさん着たわけじゃないですけど」と答えながらお金を払った。そういう会話も面白い。

面白い！　そして安い！　このブランドがこんなに安く買えるなら、新品を買う必要はないと今さら気づいた。ユニクロの新品のカシミアセーターと同じくらいの値段で有名ブランドのセーターが買える可能性も高い（だがユニクロは古着としても人気である。品質に安心感があるからだろう）。

また何と言っても古着のほうが予期せぬ出会い、掘り出し物感があるのが楽しい。値段が高いから店に入ることすらなかったブランドも買えるし、有名じゃないから無視していたブランドもこんなに良い物があるのかとわかれば買う。今まではまったく感じたことがない発見のよろこびがあった。

古着流行拡大の30年

実はカルチャースタディーズ研究所では2001年に『古着調査レポート』を発行している。これはある女子大学生の卒論を買い取って販売したもので、売上げの1割はその学生にあげるというビジネスモデルで発行したものだ。彼女は卒業後国内の有名セレクトショップに就職した。もう40代半ばだろうから、彼女の子どもが古着屋巡りをしているかもしれない。

これから述べる古着の魅力のほとんどのことは彼女の論文に書いてある。そのエッセンスは私の『マイホームレス・チャイルド』という本の「過ぎ去った時間への愛着」という節に書いた。最近古着人気が拡大し、ネットでも古着の魅力について書かれた文章をたくさん読めるが、書いてあることは20年以上前に彼女が書いたことと同じである。

『マイホームレス・チャイルド』には、その他にも古着関連のデータも2つ紹介してあって、その一つは聖母女学院短大生が卒論のために96年に行った調査である。これによると「古着のイメージ」として「おしゃれ」が25%、「かわいい」が18%、「希少価値がある」が15%、「かっこいい」が7%だった。また私が80年代に所属していたマーケティング雑誌『アクロス』によると、同誌が行っているファッションインタビューで古着を着ていた人の割合は1984年には11%だったが、97年には34%と3倍に増えた。

96年、97年頃というのは高円寺のルック通り商店街がすでに古着屋街化しつつあった頃である。当時高校生・大学生だった世代が古着を求めて原宿はもちろん下北沢や高円寺にたくさん来るようになった時代だ。

そして私がルック通り商店街の古着屋街化に気づいたのが98年の春頃である。あのときの衝撃は一生忘れない。私は1985年に高円寺の街を隅から隅まで歩いて写真を撮り『アクロス』に記事を書いたことがある。そのときは1960年代や70年代のまま化石のように残った街という印象だった。ヒッピーやフォークソング歌手や演劇人、そういう人がたくさんいて、決してシティポップやニューミュージックのイメージではなかった。当時流行のJJガールもポパイボーイもオリーブ少女もいなかった。それが10年ちょっとしたら若い女子高生などが集まる古着屋街になっていたのだから。

時代が変わったのだと確信した。それから私は月に何度も高円寺に通った。そして高円寺をマーケティング講座のテーマにして、企業の人を連れて歩いた。99年私は会社を辞めて独立した。時代の変化をレポートすれば喰っていけると思った。ルック通り商店街に出会わなければ会社を辞めたかどうかわからないほどだ。

ちなみに20数年前に古着が人気だというと、今は不景気だからでしょ、景気が良くなれば買わないでしょと大企業の人たちには言われた。前述の彼女と同時に卒論を買い取った別の学生のテーマはカフェだったが、カフェについても大企業の人たちには、一時期のブームでしょと一蹴された。だが古着もカフェも人気はずっと拡大し続けた。他方、大企業は全然ヒット商品をつくれなくなったのである。

古着・古着屋の魅力とは

本論に戻す。すでに書いたことも含まれるが、あらためて古着（屋）の魅力とは何かを整理すると以下のようになる。

1・一点物の価値と個性の表現

もともと手作り・少量生産品である場合や、日本ではほとんど流通していなかったブランドはもちろん、大量生産品であっても古着になることで色のかすれ方などが無限に多様になり、一点物としての魅力を持つのが古着の魅力の一つである。世界中から集まる無数の古着から一つを選ぶのだ。つまり一種の骨董品的な価値である。均質な大量生産品が生活の隅々まで溢れている現代では、一点物が価値を持つ。一点物という価値によって、いわゆる高級ブランドでなくても、気に入った人にとっては非常に大きな価値を持つのだ。

古着屋自体も個人店が多いので店ごとの個性がある。店の外観も内装も違う。同じような商品を置いている場合でも、その選び方、並べ方が異なる。そこに店主のセンスが光る。そういう個性を楽しみたい人にとっては古着屋が良い。

もちろん一点物だからと言って、古着を買う人すべてが個性的なファッションをしているわけではない。普通にカジュアルに着こなしている人のほうが多いかもしれない。古着の聖地高円寺を歩くと、みんなさほど個性的な服を着ているわけではないのに、コーディネートの仕方がうまいのか、自分らしく着こなしているので驚く。

2・掘り出し物

古着の一点物としての魅力は、掘り出し物の魅力でもある。実際古着好きは古着を「掘る」「ｄｉｇする」と言う。

古着屋は、古本屋や中古レコード屋と同じで、掘るだけで買わなくても帰りやすい。新品の洋服店も買わずに帰れるが、買うことへのプレッシャーが強いはずだ。

だから滞在時間が短い。

その点、古着屋では客は安心して商品を「掘る」ことができる。大きな古着屋なら30分以上いても全然大丈夫だ。まさに掘り出し物（セレンディピティ）を求めて時間を過ごせる。その時間こそが楽しく豊かである。探すという行為、探していた物とは違う物や、今まで見たこともない物、想像もしなかった物を見つける・掘り出すこと自体が面白いのである。その点は古本や中古家具、骨董などと同じである。

同時に自分に合った古着屋を見つけるという行為もまた「掘る」行為である。特に、高円寺や下北沢のように無数の古着屋がある街では、何度も街に出かけて自分に合った古着屋を探し出す必要があるが、それもまた面白いのである。

また新品を購入する場合、気に入っていた商品が翌年は廃番になることが多い。そういう場合でも気に入った商品が中古として市場に出る可能性がある。それを古着屋などから掘り出して見つけられたら大喜びなわけで、そういうことも含めて古着探しは楽しいのだ。

また古着屋には軍隊用や工場・飲食店などの作業用の服を売る店が増えている。

しかも世界中の服である。こういう服は新品の洋服屋にはない。そういう珍しい服を見つけるという楽しみも古着屋にはあるのだ。

3・ストーリー性（昔の人とつながる感覚）

先述したように、たとえ今は世界中のチェーン店で売られている大衆的なブランドでも、昔は専門店で少量売られていた時代がある。日本中の商店街で、地元の洋品店が有名ブランドでなくても品質の良い服を売っていた。今の若者の父母や祖父母はそうした店でも服を買っていた。見知らぬ他人の着ていた古着でも、状態が良いと着ていた人の愛着を感じるだろうし、状態が悪いなら悪いで、また修理の形跡があったりすると、かえって愛着を感じるということもある。

実際今の若者は、おじいちゃん・おばあちゃん（あるいはその世代）の古着を着る人も多い。それは時間を超えたシェアであるし、ファミリー・ヒストリーの継承であるかもしれない。ましてその古着がおばあちゃんの手編みのセーターだったなら！　家族に対するおばあちゃんのかけがえのない愛情を感じて服を着ることになるだろう。まさに「愛着」である。

このように、知った人とでも知らない人とでも、つながりとヒストリーとストーリー性を感じられることが古着の魅力である。それは単なるレトロではない。

だから最近は、商品説明のタグに服を売る人が服への思い出を書くこともある（事例レポート1）。買う側は、知らない人が書いたその思い出にストーリーを感じ取り、共感し、共有して買うのである。

4・店主・店員の解説力・コミュニティ力

4番目の魅力は、古着という物自体ではなく、それを売る店や店員・店主の魅力である。

個人店の古着屋の場合、店主が自分の目で商品を厳選して仕入れている。店主はこの商品はここが良いが、ここが悪いとか、いつの時代のこのブランドは質もデザインも良いとか、いろいろな商品知識が豊富である。そうした店主との会話により客がさまざまなうんちくを手に入れることができ知的な満足感が得られる。事例レポート1の古着屋THINKの武田さんも「お客さんと話しながら古着を見て欲しい」と言っているし、そういう会話を楽しみながら、事例レポート1のSIRTURDAYの小沢さんのように、店のある地域を盛り立てようという意欲を持つ人もいる。

個性のある古着屋に集まる客は、店主と感覚が近い人が多いので、仲間になりやすい。同じ地域の別の店の経営者や店員も多いので、そこからさまざまな交流や協力が生まれ、街をもっと面白くしようという活動のアイデアが浮かぶことも多いだろう。ユニクロの店員と客が自然に会話をして街について語るなんてことはまずないと思うので、古着屋とは限らないが、個性的な個人店があることがコミュニティづくりにとっても良い効果をもたらすのである。

もちろんすべての古着屋店主にコミュニケーション力があるわけではない。古本屋、中古レコード屋、アンティーク屋もそうであるが、むしろコミュニケーションが苦手な無口な人も少なくない。

それに対してファストフード店を典型とするチェーン店は、コミュニケーション力が必要な仕事である。本当のコミュニケーション力かどうかは別として、マニュアル通りに大きな声で挨拶ができるなどの能力は必須である。それに対して本屋、レコード屋は（中古でなくても）大きな声は必須ではない。むしろ声が小さいほうがよいくらいだ。コミュニケーションが苦手で声が小さくて無愛想な人でもできる仕事が中古品業である。

客の側にもコミュニケーションが苦手な人はいるし、チェーン店的なマニュアル化されて明るいコミュニケーションは特に嫌いだという人はいる。そういうタイプの人たちにとっては古着屋などの中古品店のほうが居心地が良いかもしれない。

5・コスパ

古着は状態があまり良くない物や、有名ブランドではない物は非常に安い。1000円、500円はざらである。だが状態が悪いと言っても小さな虫食いがあるといった程度である。日本人は品質志向が強いので、ひどい状態のものはほとんどない。中古レコードだとかなりジャケットが傷んだり、盤にキズがあるものもあるが、服の場合はそこまでひどいものは少ない。またダメージジーンズがおしゃれな時代であるから、袖がほつれているとか、襟がすり切れているということも魅力になりうる。それがたとえば高級ブランドでも（もちろんとても高い物もあるが）普通は1〜2万円台で買える。人気セレクトショップの新品だと1〜2万円は最低価格レベルである。先述した一点物・掘り出し物だからこそその後長く愛着を持って着られることを考えると、とても安いのである。

ただし面白いのは先述したように古着屋でもユニクロは人気なのである。超大量生産の国民服だから全然一点物らしさがない。しかしユニクロだからこその品質保証があるので安心して買えるからか、元の値段の半分くらいで売られていることもある。メルカリでもユニクロは意外に高値で流通しているようだ。

たしかに古着を掘っているとユニクロのセーターは手触りがよく、形やサイズも使いやすく、色合いも良い。私は2万円するアルマーニのワイシャツを高円寺で1000円で買ったことがあるが、ユニクロのワイシャツも900円で売られているのである。要するに需要が多いのであろう。20年後に状態の良いユニクロのカシミアセーターが1万円で「オールドユニクロ」として売られる日が来たらかなり面白いが、どうだろう。

6・コーディネートの自由さとジェンダーレス

新品の洋服の場合、毎年の流行があるが、そのためにどの店に行っても同じような服ばかりということになりがちだ。だがその年の流行が自分の好みではないこともある。その点古着なら流行にかかわらず、いつでも自分の好きな物を探せばよいのである（古着にも一定の流行はあるが）。

また今年発売の新品だとまったくテイストの異なるブランドの服をコーディネートするのは難しい。でも古着だと、着る側の着こなし次第でうまくコーディネートできるのも面白い。ジョルジオ・アルマーニとステューシーという、テイストもセンスも、本来それを好んで着る人もまったく異なるブランドの組み合わせもできてしまうのだ。特に中年以降の場合、自分の好みや着こなし方が確立していて変化しにくいので、その年の流行を買うよりも、自分の好みの服を古着から探し出すほうがよいわけである。

もちろんお店のほうも、有名無名も含めた異なるブランドのシャツとジャケットとパンツをコーディネートしてマネキン人形に着せる。ファッションのデザインやコーディネートを自由に楽しむなら古着のほうがいいのだ。

そうした自由なコーディネートと関連するが、古着は男性が女性用の服を、女性が男性用の服を着ることも多い。海外ブランドの場合、女性用でもサイズが大きいから男性でも着やすいとか、今はサイズが大きい服を着るオーバーサイズが流行なので女性が男性用の服を着るということも普通だ。サイズだけでなく男性でも黒やグレーのモノトーンを好まない人もいるし、柄物を着たい人もいる。女性でも、いわゆる女性らしいピンクやベージュなどの色合いを好まない人も多い。そうした感覚の変化に対応して新品の服もかなり変化してきているが、古着のほうがより自由にジェンダーの垣根を越えて着やすいところがある。

7・売る楽しさ

古着をよく買う人は、おそらく服を売ることも多いだろう。チェーン店の古着屋だと査定が厳しく、100円とか10円でしか売れないことも多い。個人店だと委託販売という方法も可能で、たとえば5000円で服が売れると3500円が自分に入るという仕組みである。委託販売は確実に売れるとは限らないが、高い値段で売れる可能性があるのと、売る服の良さをわかって買ってくれた人がいたということを実感できるという魅力もある。ストーリー性に通ずる魅力である。フリマをする感覚にも近い。

成熟から洗練へ

以上のような古着の魅力を考えると、日本の消費社会が「成長から成熟へ」向かうという以上に「成熟から洗練へ」向かっているのだろうかと私には思える。

高度な洗練とは、まず美意識の高まりであり、環境意識の高まりである。また自我意識の柔和化である。強い自己主張ではなく、穏やかに個性を表現する心理である。そして歴史意識（ストーリー性）と人間同士のつながりの意識（コミュニティやコミュニケーション）を重視する心理である。こうした消費者の洗練が古着人気をもたらしたのではないだろうか。

ミウラノ

売る楽しさについて私の体験談を書こう。前述したように、私はこれまで古着を買ったこともあまりなかったし、古着屋に売ったことは一度もなかった。着なくなった服はゴミとして捨てていたのである。

ただ子どもの保育園のフリマには何度か参加した。子供服は100円くらいで売り、自分の服やベルト、ネクタイなどを安価で売った。吉祥寺パルコの屋上で開催されたフリマにも一度参加したことがある。それ以外は捨てていた。今から思うと、捨てた中にも良い物があった。実にもったいないことをしたと悔やまれる。だが昔は古着屋が少なくて、売りたくても売りようがなかったのである。

ところがあるとき、知り合いの建築家の伊藤孝仁さんがさいたま市の大宮でのまちづくりの一環として自分の事務所の一部をお店として使い、古本を売るイベントをしていた。次は三浦さんもやってみないかと誘われ、面白そうなのでやってみることにした。ついでに古着やレコードや雑貨も売ることにした。本を知り合いのカフェなどでイベント的に売ったことはあるが、服は初めてである。

私は一応元パルコ社員なので、それなりにブランド物も持っている。タンスの肥やしもそれなりにある。しかし私も断捨離をする年齢である。そこで本を200冊くらい、服を20着くらい、その他レコードや雑貨などを100点くらい出品した。

伊藤さんにお店の名前も付けろと言われて、三浦の古着と古本を売るのだから「ミウラノ」という名前にした。彼は事務所の中にオリジナルの什器をつくり、服を掛けられるようにしてくれた。円形の金属棒に服を掛けるもので、なかなかかっこよかった。事例レポート1で紹介する店舗を持たない古着屋の鈴木さんも一緒にレディースの古着を売った。

たった3日間の古着屋だったが、服、雑貨、本など合わせて10万円近くが売れた。予想以上の売上げだった。手数料は1割だけなので残りは私の収入である。本と比べると服のほうが高額なので、売上げに占める割合は古着のほうが多かっただろう。

　面白かったのは、店にふと立ち寄って買っていく人の意外性である。ある若い男性が俳句の本を見て「えっ！　この俳人の句集があるのか！」と叫んで、ほんとに狂喜乱舞という状態で即買いしてくれた。それは私の知人が俳句の出版社に入社した挨拶代わりに私にくれたものであるが、私は失礼ながら興味がなかったのでワゴンセールで１００円で並べたのである。それがこんなによろこんでもらえるなんてうれしかった。しかも彼女と二人で来た若い男性に。以前、ある古本屋さんのエッセーを読んだことがあるが、やはりこうした出会いの面白さが古本屋を続ける理由の一つらしい。10年以上売れない本もあれば、仕入れた瞬間売れる本もある。その不思議さが面白い。

　もう一つ面白かったこと。20年前に買って愛用した後タンスの肥やしになっていたエンポリオ・アルマーニのジャケットを伊藤さんのバイトの学生が着ると、やはりりちゃんとかっこよくて、お店を手伝っていた女性が「説得力のある人に見える」と言った。たしかにそうだった。私はそのジャケットをある講演会の前に買ったのだが、お店で試着したときに「おれって、もしかして、かっこいい?」と思ってしまい、よし、これで講演会に行こうと即買いしたことを思い出した。誰でもかっこよくする、しかも説得力のある雰囲気にする力が20年前のアルマーニのジャケットにあることにびっくりした。そういう気づきを与えてくれたことも古着屋をやってみたことの成果の一つである。

こうして古着を売ることの面白さに目覚めた私は、大宮で売れ残った物を今度は多摩ニュータウンに移動して売った。そこでも先述の建築家の横溝さんがまちづくりをしており、ちょうどニュータウン内の一戸建てをリノベーションしてシェアハウスをつくったので、そのオープンイベントとしてミウラノを開催してくれた。

ここでも3日間で5万円くらいが売れた。売れ残った物にさらに追加をしてミウラノは横溝さんの自宅兼事務所でもある物販スペース「STOA（ストア）」の一角に常設されることになった。空き家になった田舎の実家に腐るほどあった湯飲み、おちょこ、茶碗、亡くなった母の小物なども売っている。

覚悟もリスクもなく楽しむ

こうした経験から思うのは、古着や古本を売る場所があるということは、私のような初老の人間が街という外界に自分を開き、街と関わるためにとても良い方法だということだ。だって伊藤さんや横溝さんのつくった店、というか場所に並べるだけなのである。何の覚悟もリスクもいらない。大金をはたいて仕入れた物ではない。もちろん、ブランド物は買ったときは高かったけど20年も前だから十分元は取っている。だから高く売れなくても損という気はしない。気楽に楽しめる。

この「覚悟もリスクもいらない」というのは『マーケットでまちを変える：人が集まる公共空間のつくり方』という本の著者・鈴木美央さんの言葉だ。鈴木さんは自治体のまちづくり活動を支援する一環として市民参加のマーケットをつくることを仕事の一つにしているのだが、マーケットに参加するのに覚悟もリスクも感じずに参加して欲しいという考えなのである。鈴木さんのその考えを、私は、伊藤君の参画する大宮のまちづくりをするアーバンデザインセンター大宮（UDCO）の出す雑誌のための座談会で聞き、その考えにいたく感激した。

覚悟やリスクをもって街をつくろう、行政に依存せず、他人任せにせず、自分で動きだそうというのは、リノベーションによって街を再生しようという人たちの中心原理である。それはそれでとても素晴らしい。

が、それはベンチャー企業の精神と同じだ。そういう精神は私にはない。まして初老の「中古の」男である。今からベンチャーでもない。ITはまるでわからない。コンビニのフランチャイズを始める気もない。店員すら無理だ。あんなにいろんなことを覚えられない。新品の洋服屋を始める気もない。古着屋を始める気もない。古本屋はやってみたいが、本は重いから腰を痛める。

そういう弱い精神と体力しかない人間にとっては、覚悟もリスクもいらない場所で商売（もどき）ができるのはとてもありがたい。ただ楽しいだけである。しかもそれでちゃんと売上げがあって、まちづくりの実験・実践にもなったというのだ。こんないいことがあるだろうか。

思えば「喫茶ランドリー」（注）の成功もこの参加する人たちの「覚悟とリスク

のなさ」だったと言える。喫茶ランドリーの中では何をしてもいい、という自由な場所。そこで覚悟もリスクもなしに人は仕事をしたり、家事をしたり、自分のつくった雑貨を売ったり、古着を売ったりした。

普通のサラリーマンなどでは忙しすぎて街と関われない。会社しか生きがいのなかった定年後の男性に家から出て地域の中で何かの活動をしてもらうというのは、孤独の解消、健康寿命の増進という意味で行政の大きな課題だが、じゃあ、家を出て地域で何をするんだよというのが、実はなかなかわからないものなのだ。

だったら、家にあるもう読まない本とか、もう聴かないレコードとか、もう着ない服とか売ってみたら？　生涯集めてきた切手でも、コインでも、テレホンカードでも、観光地のスタンプでもいいのである。売る場所はかっこよくつくってあるし、手数料は1割だけでいいよ、というのは実によろこばしい提案ではないだろうか。

このように古着を探す・買う・売るという行為は、物を単に消費する、貨幣と物を交換するというのではない。人はそこで単なる消費者ではなく、自由な探検家になり探究者になるのだと思う。そしてやりようによっては街を活性化するコンテンツにもなるのだ。

注：喫茶ランドリーは建築ジャーナリストの田中元子氏が2018年に墨田区の手袋の梱包作業場だった古いビルにつくった店。コインランドリーやミシンの横にカフェなどがあり、田中さんが仕事をするためのテーブルもある。子どもが飲食する物は持ち込み可能。カフェでは仕事をしても家事をしてもいい。何をしても自由な場所というコンセプトで始めたところ、中古レコードや古着や自分がつくった雑貨やお菓子などを持ち込んで売るとか、ディスコになるとか、いろいろな人がいろいろな使い方をして、あっという間に大人気になり、グッドデザイン賞も受賞した。

にぎわいなんてなくても良い場合もある

特に家に引きこもりがちな定年後の男性を街に引っ張り出したいなら、覚悟もリスクも不要なやり方が絶対にふさわしい。また、にぎわいがないほうが良いこともある。家にひきこもる人は、定年後の男性に限らず、にぎわいが嫌いだからである。ギャーギャーうるさいテレビ番組が嫌いな人がいるように、にぎやかすぎる場所が嫌いな人もいる。やる気に満ちた人を見るとげんなりする人もいる。だから家にこもるのだ。

いやいや、そういうひきこもりは困る、コミュニティに入りましょう、と言うのであれば、静かで落ち着いている場所も用意しないといけないのだ。暗い喫茶店、古ぼけた本屋、暇そうな骨董屋などこそが、引きこもりがちな人でも行きたくなる場所だ。

先ほどの多摩ニュータウンのミウラノでも、かなり高齢の男性が毎週私の古本を見に来て買っていくそうだ。以前、古いアンプでジャズを流したら、自宅に居場所がなさそうな中年男性が足繁く通ってきた。そういう人たちの居場所が最近の街からは、特に再開発された街からは減少しているのである。

ミウラノのある多摩ニュータウンの「ＳＴＯＡ」は、建築家の事務所の一角にあるのだから、おしゃれである。だが中高年男性が入りづらいおしゃれさではないようだ。店先には古本１００円コーナーがあるし、インテリアも中古品を使っている。「中古の人間」には中古の家具や服や本が落ち着くのだ。

中高年男性でなくても、押しつけの明るいにぎわいを好まない若者も多い。最近は若い女性でもひきこもりが増えているのか、私のまわりにも何人かいる。そういう人でも行ってみるかと思える場所が実は大事だ。

人口が減少し、超高齢化しているのに、にぎわいをつくってたくさん人を集めて街を盛り上げようというのは、よく考えると利那《せつな》的な方策である。それでは長続きしない。

それぞれの地域にとってもっと持続的なにぎわい、地味だが毎年・毎月・毎週できることは何かを考えてみる必要がある。

中古レコードの消費

今回の調査ではLPレコードに関する質問をしなかったが、最近LPレコードの販売が増えていることは周知の通りだ。日経新聞（2023年2月12日）ではアメリカのLP市場について「消費者とアーティストの双方にとって、感情的で経済的な価値がある」という業界関係者のコメントを載せている。「感情的」というところがミソである。そして感情に訴えるには、再発された新品のLPよりは、何十年も前の、ちょっと薄汚れた中古盤のほうがいい。

普段は便利だからスマホで音楽を聴くが、好きなアーティストの音楽を持っていたいという人、形のあるものが音を奏でる「希少な体験」を求めてレコードを買いたいという人、再生装置を持たなくても「応援したいから買う」という人もいる。いずれにしてもLPレコードという直径30センチもある大きな物体に対してだからこそ持てるリアルな愛や感情というものがある。そこが重要なのだ。

最近私が見た映画で思わず泣いてしまった映画が「アザー・ミュージック」というアメリカ映画だ。「アザー・ミュージック」はレコード屋の店名で、ニューヨークのイーストヴィレッジというサブカルの盛んな地域に1995年にできた小さなLPレコード屋だ。大手のタワーレコードの巨大店舗の目の前にあった。しかしデジタルストリーミングで音楽を聴く趨勢《すうせい》の中で店は2016年閉店する。映画はその店の主人、店員、客へのインタビューで構成され、店や一枚一枚のレコードへの愛と閉店の悲しみが描かれる。物体としてのレコードだからこそ持つリアルな魅力、そのレコードを仕入れた担当者の解説力などにより、古着と同じようにレコードにストーリー性が生まれ、そのストーリーを過去から未来に引き継ぐことで新しいつながりができる。そういう店が消えてしまう！　もうほんと涙なくしては見られません（ちなみにイーストヴィレッジのタワーレコードはストリーミングの普及により経営悪化しアザー・ミュージックよりずっと早く2006年になくなった）。

日経の記事に紹介されている世界的なアンケートを見ても、レコードを買う理由として、音楽を物理的に所有したい、レコードを眺めていたい、レコードを再生する儀式が好き、アルバムに没頭したい、ライナーノーツを読むのが好き、お気に入りのアーティストを応援したいといった理由が紹介されている。

デジタルしか知らない若い世代に対して、過去15年間「LPレコードを聴く会」を主催してきた私から見れば実によろこばしい傾向である。また同じレコードでもネットで買うよりもレコード屋で時間を掛けて探して、知らないレコードやずっと探していたレコードを見つけるという行為のほうが楽しいことも言うまでもない。知らないレコードはネットで探せばすぐに見つかるが、レコード屋で掘り出し物・探し物を「掘る」というリアルな作業自体がしあわせなのである。これは古着屋で古着を掘る感覚と同じである（と書いていると無性にレコード屋に行きたくなってしまい、ほんとに吉祥寺のディスクユニオンに駆け込んで6枚も買ってしまった！）。

中国人がジャズのLPを買い漁る

また今は、中国人などインバウンドたちが古着屋やレコード屋に押し寄せている。こうした傾向はコロナ前からあった。２０１８年頃だと思うが、私も新宿のディスクユニオン・ジャズ館で中国人がLPを大量に買い漁っているのを何度も目撃した。あるときは日本人演奏のジャズLPだけ１００枚ほど買っていく、おそらく業者と思しき男性もいた。携帯電話で仲間と話しながら仕入れているらしかった。別の店でLPを探している仲間と連絡を取り合っていたのだろう。もしかしたら中国本土と連絡していたのかもしれない。西荻窪の小さな中古レコード屋ですら、そういう中国人バイヤーを見たことがある。

考えてみると中国ではLPは大衆に普及しなかったのだ。経済成長後はすでにCDである。おそらくそれも海賊版が多いし、それからすぐにストリーミング時代になった。だからLPはほとんど中国国内にはなかった。１９９０年代にはまだビートルズを知らない人がほとんどだったのだ。それが、経済成長をして富裕層が誕生すると、ちゃんとしたステレオでLPを聴くことがステイタスになった。そこで日本に買いに来るのだ。

それにしても日本人ジャズのLPだけ集める業者がいるとは、中国の音楽市場もあっという間にマニアックになったものだ。来日した中国人に聞いたら富裕層の中にヴィンテージのオーディオを揃えて10万円の中古LPを聴く人たちがいるのだという（私の著書は今中国でたくさん売れており、日本視察の一環として私の講演を聴くために中国のビジネスマンが毎週のように来日しているので、彼らに聞いたのである）。

LPだけでなく、古着、カメラ、時計などさまざまなものを日本に買い漁りに来る外国人が増えた。高円寺や吉祥寺の古着屋はいつも中国人、韓国人、東南アジア系、そしてフランス人やアメリカ人の若者がたくさんいるし、西荻窪の古着屋ですらフランス人の中年男女がたくさん来ていたことがある。

古着は耐久財。経年するほど味わいを増す

かねてから思っているが、服というのはかなりの耐久財である。丁寧に着れば何十年でももつ。日本の着物もその典型である。だが服を消費財として捉える時代が来て、流行がつくられ、今着ている服を古いと感じさせられ、新しい物を買って古い物を捨てる時代が長く続いた。長く、といってもこの50年ほどだろう。50年以上前までは家で服を自分で縫ってつくることも多かった。

通常「耐久財」というと家電を思い浮かべるし、各種統計でもそう分類されている。だが服の耐久財としての性格に比べれば、家電やパソコンなどは単なる消費財であり、5年も使えば調子が悪くなり、10年使えば自動的に壊れるようにプログラムされているらしい。毎日過酷に使わない限り、10年でボロボロになる服はありえないので、服のほうがよほど耐久財である。

もちろん50年以上前までは、衣服は（靴下ですら）ほころびを繕い、穴をふさいで使われ、ぼろぼろになって最後は雑巾になるまで使われたのであり、だから消費財の範疇に入れられたのである。だが「豊かな時代」になると、そこまで衣服が消費され尽くされることはなく、流行に合わなければ着なくなってタンスの肥やしになる時代が長らく続いたので、数十年前の衣服が古着として流通するようになったのだ。

近年百貨店がつぶれて家電量販店に替わることが多いが、それは衣料品が耐久財になり家電が耐久財ではなくなったからである。衣服が売上げの大半を占める百貨店はもう売上げを伸ばせないのだ（富裕層向け外商に注力して売上げ・利益を増やした新宿伊勢丹などは別だが）。さらにSDGs的ライフスタイルが進めば、古着を買ってさらに長く着る、要らなくなった服も古着屋に売って誰かにまた着てもらうという行動が普通になるはずだし、なるべきである。もはや百貨店は不要になり、生き延びたければ百貨店に高級古着屋が必須になるだろう。それ以外は、真に革新的な服でなければ新しい服は売れない時代になるのだろう。

同様に中古レコードも耐久財である。よほどキズが付かない限り永遠に音が鳴る。しかもデジタルよりも豊かな音で。中古家具も職人がつくったものならそう簡単に壊れない。むしろ経年によって味が出る。現代の消費者が求めているものは（そしてこれからの消費者がますます求めていくであろうものは）、そういう永く続く価値、経年するほど味わいを増すもの、価値を増すものではないだろうか。

それに対して無印良品やニトリの家具や収納用品は一人暮らしや新婚生活を始めたときなどに必ずと言ってよいほど購入されるものだが、ゴミ置き場を見ていると、いつか捨てられることも多いものだとわかる。だが、生活にとって普遍的な・不変の価値・デザインを提供するという、つまりシンプルで飽きの来ない物を売るという無印良品の思想からすれば、使い捨て家具をつくるべきではない。

実際2010年から無印良品では、服を回収し、リサイクルする取り組みRe：MUJIをスタートした。回収をした服を確認してみると、まだまだ着ることができる服があった。そこで服を日本で染め直し、新たに息吹を加え、服を大事に着るということを顧客と共に考えていきたいという。また2022年から家具やプラスチック商品の回収を開始。輸送中などに傷のついた「ワケアリ」の新古品や使用済の中古の家具を通販や全国の無印の大型店の「もったいない市」で販売する。無印の当初のコンセプト「わけあって、安い。」の実践である。

許容されなかったものが主張を始めたときに社会と市場が変わる

このように考えてくると、古着には、この10年以上私が「推して」来たシェアハウスとの共通点があることがわかる。これらが流行する以前は、古着や古い家を改装しただけのシェアハウスは清潔感がない、貧乏くさい、他人が着たものを着るなんて、他人と一緒に住むなんて、などという理由で拒否されることが多かったからだ。どんどん新しい物を買うことが進歩だとされた時代、共有していたものを私有できる・専用で使えるようになるのがうれしいという時代を知っている昭和ヒトケタ世代からバブル世代まで、つまり今の55歳より上くらいまでは、古着やシェアハウスを嫌う価値観が強かった。その拒否感が時代の流れの中で次第に薄れていき、むしろ古着を着たりシェアハウスに住んだりするのがカッコいいとすら思われるようになってきた。

そういう意味では、一般的には拒否されたり許容されなかったりしたものの中にこそ新しい時代の予兆があると言える。誤解されると困るが、たとえばLGBTも、従来であれば一般社会にあまり許容されなかった。あるいは軽視された。だが、そういう差別はいけない、多様性を認めようという考え方が広がるだけでなく、LGBTだからこその感性の豊かさもあるだろうという考え方も広がっていく。許容されていなかったものが、新たな主張を始め、その主張に耳を傾ける人が増えることで、新しい社会が開け、市場も拡大すると言えるのではないか。

40代前半はブランド子供服世代

ではアンケートの集計分析に入る。

まず男女年齢別に古着消費額を見てみる。古着消費額が多いのは男性40代前半、次いで40代後半、次が20代前半である。女性はあまりはっきりした傾向はなく、20代から60代まで幅広く古着を買っている（図表5-1）。

40代前半の男性で多いのは就職難の氷河期世代で収入が少ないことも一因だろう。先述の建築家の横溝さんは大学院を出て30歳で建築事務所に就職したが、月給が5万円で、徹夜続き、都心から埼玉の自宅に帰れないときは高円寺の窓もちゃんと閉

●40代前半男性で突出する古着消費

図表5-1　男女年齢別・古着消費額

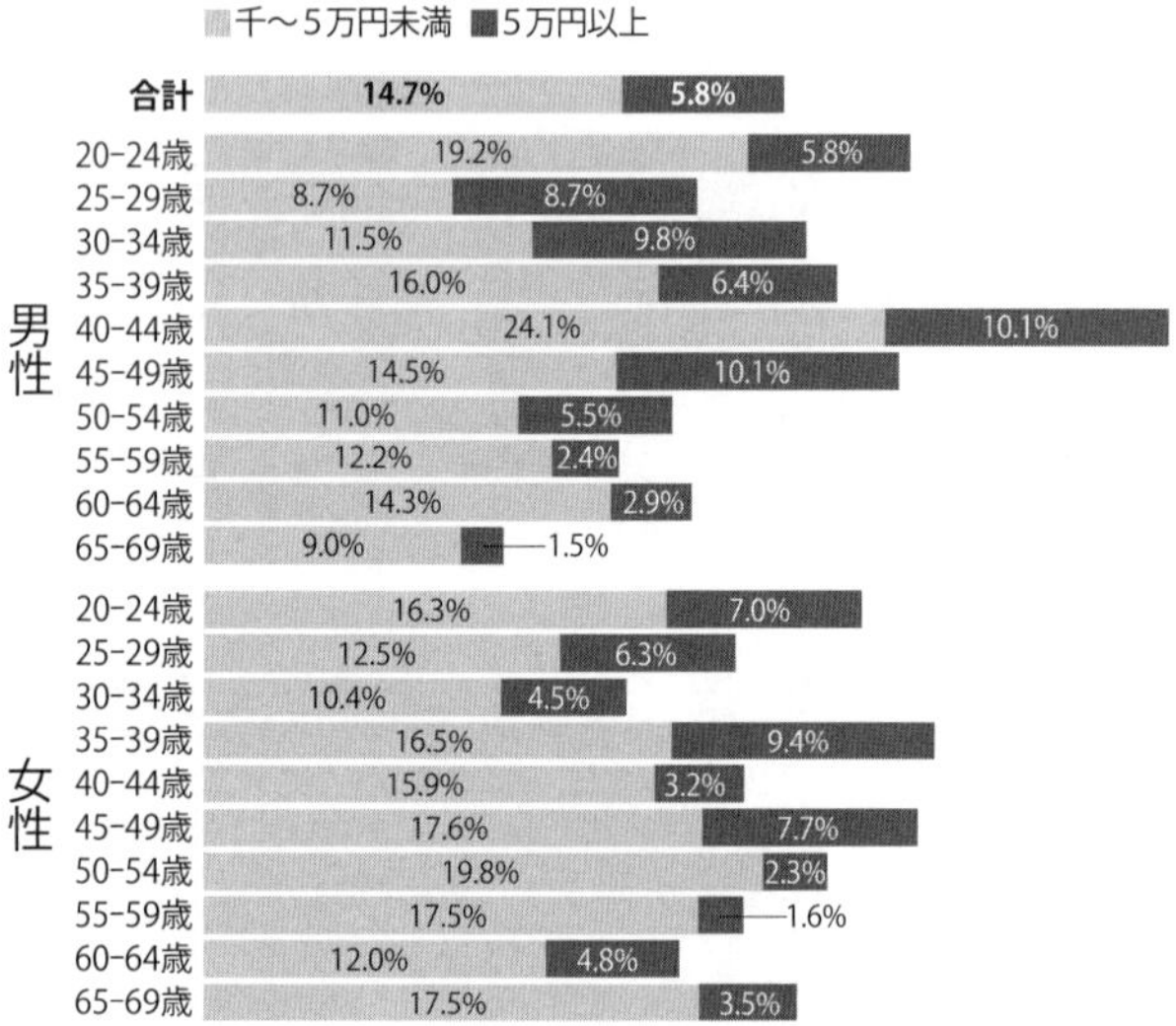

資料：カルチャースタディーズ研究所「シン家計調査」2023

まらないボロアパートに住む友人の家に泊まり込み、明日はプレゼンだという日は深夜1時に銭湯に行き、2時に古着屋で800円のブレザーを買って朝出かけたという。

私も数年前、高円寺の古着屋を探訪しジョルジオ・アルマーニのワイシャツを1000円で見つけたことがある。ラルフ・ローレンのシャツなら高円寺には腐るほどあるのだが、アルマーニはレアである。しかも1000円だ。そして私は後日それを着て大手不動産会社にプレゼンに行った。それは、こんなものがこんな値段で買える時代に普通のテナントを入れてもしょうがないということを知らしめるという不純な（しかし正しい）理由のためである。

現在の40代前半は子ども時代にバブルを少し知っており、親によってはそれこそアルマーニやコムデギャルソンなどを着ていた。子どもにも着せた親もいるだろう。最低限フィーユ・コムサデモードくらいは着た人が多いはずだ。渋谷パルコパート2に子供服売り場ができたのは1983年頃だと記憶する（中央区立泰明小学校の制服がアルマーニのデザイン監修だというので話題になったことがあるが、これももしかすると今の40代前半のなかでも富裕な人たちの子ども向けだったのではないか）。

また90年代後半に彼らの少し上の世代、いわゆる第二次ベビーブーム世代が20代となり、裏原宿などでファッション文化・ストリート文化などをリードするようになった。まだ高校生か大学生になり始めたくらいであった今の40代前半の世代は、それらの文化に憧れつつ消費をし始めていた。マイケル・ジョーダンの履いたスニーカーのモデルを10万円以上もするのに競うように買った世代なのである。

そこで古着消費についてはまず40代男性を中心に分析する（他の年代に特徴があった場合はそれを紹介する）。また質問によってはサンプル数を増やすために年齢の区分を3区分に変えて集計した。

先述したように、古着の一点物としての価値やストーリー性という価値を重視するなら、ブランド物であるかどうかはあまり重視されないはずである。

そこで「ファッションを買うときはブランドにはこだわらない」かどうかと古着消費額の相関を見る。

35〜49歳の中年層では、「あてはまる」人、つまりブランドにこだわらない人は古着消費額が少ない（5万円以上が2％のみ）。他方「あまりあてはまらない」人、つまりブランドにややこだわる人は古着消費額が多い（5万円以上が15％）。ファッションが好きで、ブランドにもこだわりがあり、新品も古着もたくさん買いたい人だということである。

対して、20〜34歳の若年層では「あてはまらない」人、つまりブランドにこだわる人は古着を買う人が少なく（千円以上が16％）、「あてはまる」人、つまりブランドにこだわらない人は古着を買う人が多い（千円以上が27％）。中年層とは逆の傾向である。

古着を買う人ほどジェンダーレス

最近の若い男性を見ると体は細いし、顔も細くて小さい。レディースファッションを着ている人も多い。古着屋などでティファニーなどのアクセサリーを自分用に買う男性も多いらしい。

そこで「ファッションはかわいいものを買う」かという質問と古着消費額をクロス集計すると、かわいいものを買う男性ほど古着消費額が多いことがわかる。特に古着消費額が多い35〜49歳男性がそうであり（図表5－2）、20〜34歳男性と35〜49歳女性もそれに近い傾向がある。

既存の新品の服を買うと、旧来の男女の常識の枠内に収まってしまいがちになるのが嫌だという人が古着を買うのかもしれない。特に20〜40代男性の会社での服装

●男性でもかわいいファッションを選ぶ人は古着が好き

図表5-2　35−49歳男性　ファッションはかわいいものを買うかどうか別
古着消費額

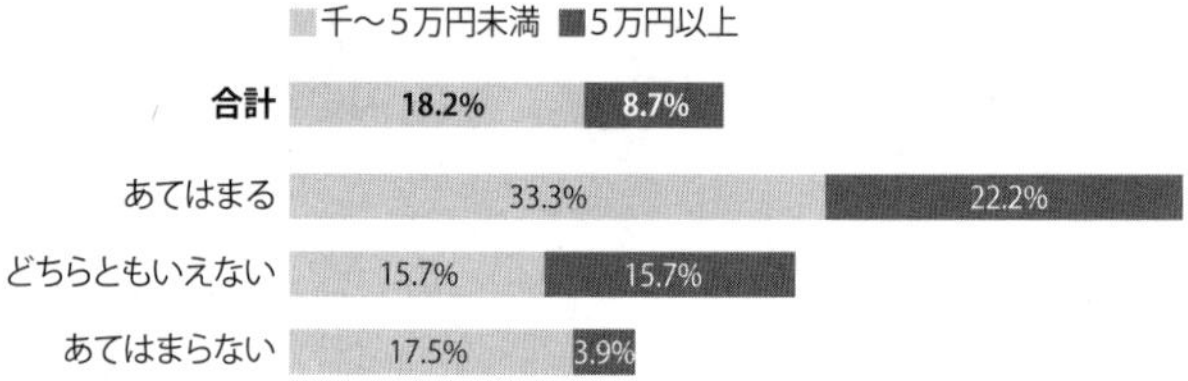

資料：カルチャースタディーズ研究所「シン家計調査」2023

は黒いスーツが普通だ。プライベートではもっと明るい・かわいい服を着たいという気持ちになる人もいるだろう。

もちろん百貨店も専門店も若い世代向けの商品や売り場はジェンダーレスになりつつある。男性の仕事用のジャケットも最近はソフトな感じのものや襟がないものが売られており、女性的になっている。だが、古着ほどの自由な着こなしを新品で提案するのは難しいだろう。そもそもジェンダーだけでなくいろいろな意味で生き方の自由を求める人ほど古着を着るのかもしれない。

このような傾向はＬＧＢＴ問題とも関係しているだろう。ＬＧＢＴ問題（ＬＧＢＴの「社会受容性が乏しいこと」）に対する態度と古着消費額をクロス集

●LGBT問題に関心が高い人は古着好き

図表5-3　35−49歳男性　LGBTを解決すべき問題と考えるかどうか別古着消費額

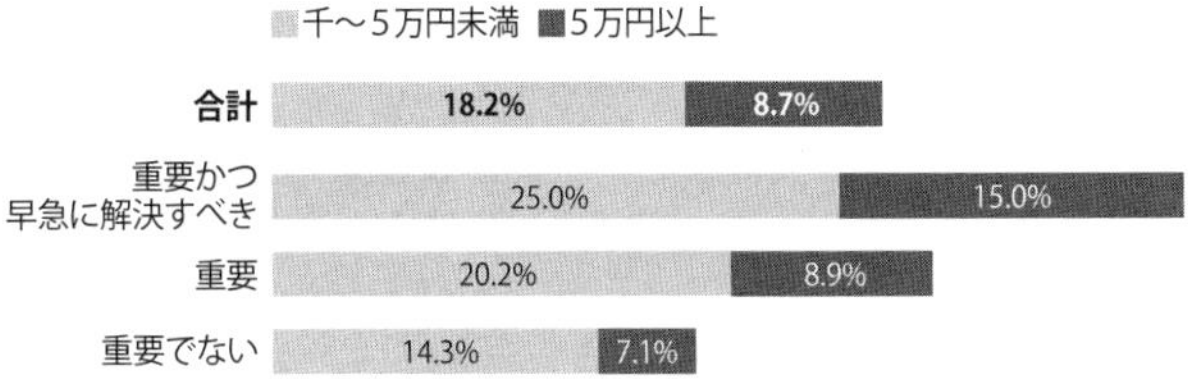

資料：カルチャースタディーズ研究所「シン家計調査」2023

計すると、ＬＧＢＴ問題を重要でありかつ早急に解決すべきだと考えている人ほど古着消費額が多く、ここでも特に35〜49歳男性で顕著であった（図表5-3）。

ファッションデザイナーにはそもそも昔からＬＧＢＴの人が多い。誰とは言わないが、歴史に残るデザイナーたちがかなりの確率でそうなのである。だから、ファッション好き・古着好きな人がＬＧＢＴに寛容になるのは当然だろう（事例レポート１の多摩ニュータウンの古着屋ＳＡＪＩの看板には May all gender, age, background, race shine as a person と書かれている。ジェンダー、年齢、障がい、人種などに対して境界のないファッションとして古着が位置づけられている）。

●恋人がいると古着を買う

図表5-4　35－49歳男性　恋人有無別古着消費額

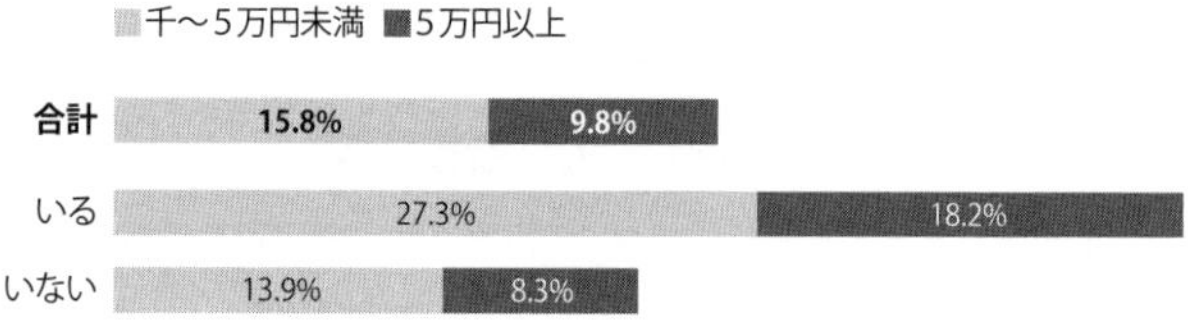

資料：カルチャースタディーズ研究所「シン家計調査」2023

古着がファッションになった一因は１９６０年代のヒッピームーブメントにあると言われる。ヒッピーたちは既存の価値観に反抗し、特に男性が黒いスーツを着て出世競争をする生き方や女性が専業主婦になる生き方に反抗した。その反抗の表現方法の一つが古着や民族衣装を着ることであったという。それもあり、ロックミュージシャンは古着を着ることが多かった。またデヴィッド・ボウイやＴレックスのように女性的・中性的なファッションをするミュージシャンも多かった。そういうサブカルチャーの流れが現代の日本の古着人気にも続いていると言える。

古着消費を増やす要因として重要なのが恋人の存在だ。メディアには古着屋デートという記事もあるほどで、実際古着屋に一緒に来ているカップルは多い。

恋人ができるとファッション費全体が増える傾向はあるが、古着消費額も増えるのは面白い。この傾向は男女年齢別に見てもあまり違いはない。だがやはり特に35〜49歳の男女でこの傾向が強い（図表5－4）。

癒しとしての古着

古着を買うこともレトロ消費の一種と言えるが、レトロ消費は孤独と関係していた。では古着も孤独と関係するか。集計してみると古着消費額は孤独とは関係しない。将来の生活への不安との相関もない。むしろ不安を感じている人のほうが古着消費額が少ないという逆相関の傾向がある。

日本の向かっている方向と古着消費額をクロス集計しても、良い方向に向かっていると回答した人のほうが古着消費額が多い。これは良い方向に向かっていると回答した人のほうが昭和レトロ消費額が多いのと同じ傾向である。古着は不安とも日本の将来への悲観とも逆相関なのである。

他に古着消費と相関関係にある事象は何か。それは「癒し」のようである。そのことを裏付けるデータはないが、私も実際に何十回も古着屋に行って、十数回古着を買ってみたので、わかる。古着そのものに「癒し効果」があるのだ。

事例レポート1の鈴木さんの意見にもあるように、古着には新品の服にはない独特の安らぎのようなものが感じられる。高級なカシミアを使ったブランド品などはもちろん新品でも触っているだけで癒されるが、古着は、すでに使われているからこその柔らかみがあり、なんとなく肌になじんだ感じがして、犬や猫に触ると癒されるのと同じような感覚を味わえる。

また祖母世代の古着を好んで着る最近の若い女性に聞くと、祖母世代が若かった頃はディオールファッションなどの全盛期であり、祖母たちはとてもおしゃれをしていた。着ていた服はブランド物ではなくてもとても上質で、それを丁寧に手入れして着ていた。ファストファッションを着古して捨ててしまう現代とはまったく違う、人と物の丁寧な関係があった。そういう魅力があるからこそ、古着に何とも言いがたい癒しを感じるようである。

癒しという意味では近年日本で拡大してきた金継ぎ、ダーニング（繕い）などさまざまな「ていねいな暮らし」志向も癒しとしての意味があるだろう。デジタル化されたのにむしろ多忙になった生活の中で、一つの仕事に静かに没入することで心の落ち着きを取り戻すことができるところが金継ぎやダーニングの魅力なのである。

古着消費と移住希望は相関がある

ところで、私は過去10年地方や郊外の街の再生について考えてきた人間である。その私がこのように最近古着について急に考えるようになって、実は地方再生や地方移住と古着の人気には共通点があるのではないかと思うようになった。

地方は中古品であると想定してみると、その共通点がわかる。地方都市の中心市街地だっていわば「中古市街地」だ（いや、すでに東京郊外だって中古ニュータウンになりつつある）。

だとしたら古着などの中古品をよく買う人と地方移住希望者には相関があるかもしれないとさらに仮説を立てた。集計してみると移住を考えている人ほど古着の消費額が多い。特に20～30代で多いのである（図表5-5）。

●移住を考えている人は古着消費が多い

図表5-5　20－30代男女　移住意向別古着消費額

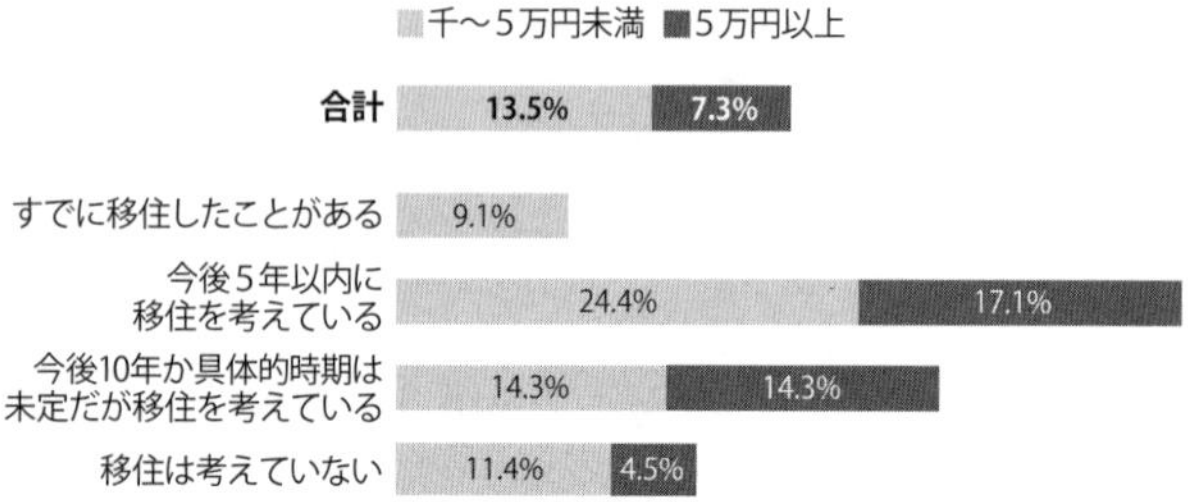

資料：カルチャースタディーズ研究所「シン家計調査」2023

図表5-6　20―60代男女　住宅の設計・リノベーション経験別古着消費額

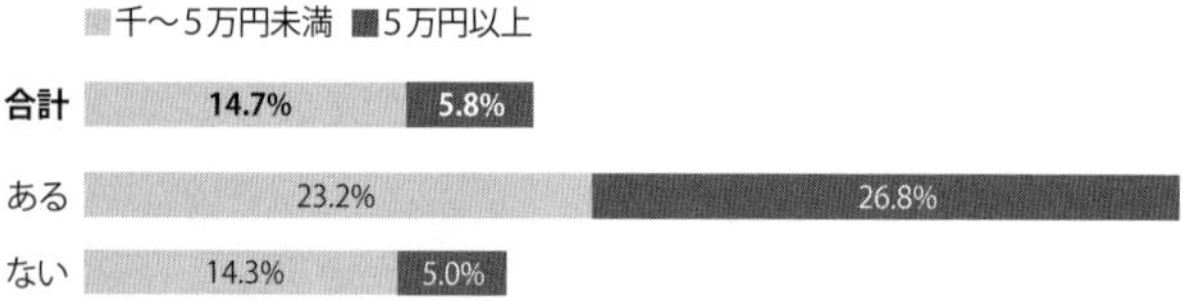

資料：カルチャースタディーズ研究所「シン家計調査」2023

面白いのは「すでに移住した」人は古着消費がまったくないことである。移住して、町全体・生活全体が古い中で暮らしてしまうと、生活全体が癒しで満たされて、古着を買うことにすら関心がなくなるのかもしれない。あるいは古着をもらうことも増えるのかもしれない。以上の傾向は1都3県居住者に限ってもほとんどまったく同じである。

また古着以外の中古品消費額、物をつくったりもらったりした経験、物を修理した金額についても移住意向との相関はほぼ同じようになっており、移住前から中古品の消費額や物を修理した金額が多かった人や物をもらった経験がある人では移住を考える人が多いということである。

移住した人でなくても住宅の設計・リノベーション経験がある人（注）はない人より顕著に古着消費額が多い（図表5－6）。実際は設計までした人は少数だろうから、ほとんどは中古住宅をリノベーションした人であろう。中古住宅リノベーションをする人は服も古着を好むのである。

注：住宅の設計・リノベーション経験が「ある」人とは「過去5年間であなたが自分で作ったことがあるものがあれば教えてください。」という質問で「家（新築だけでなく、改装やリノベーションを含む。建築家・大工などの専門家を使った場合でも、設計やデザインのアイデアを自分で積極的におこなった場合に限る。単に自分の希望を設計者に知らせただけの場合は含まない）」を選択した人である。

●住みたい街に交流を求める人ほど古着消費が多い

図表5-7　35－49歳男性　住みたい街で交流を重視するかどうか別
古着消費額

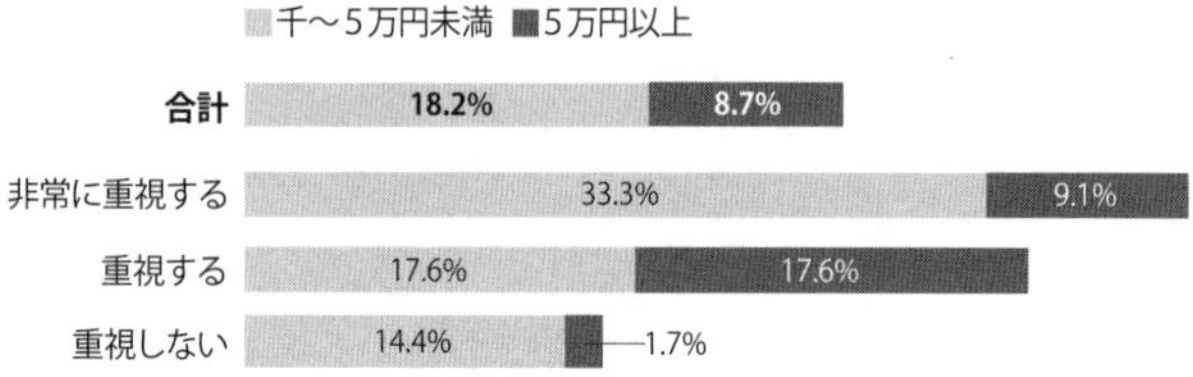

資料：カルチャースタディーズ研究所「シン家計調査」2023

近隣とのつながり志向と古着消費の相関

また、移住とは限らないが、今後住みたい街について「隣近所の住民との交流がある」ことを重視する人ほど古着消費が多い傾向が見つかった。特に35〜49歳の男性で多い（図表5-7）。

事例レポート1でも、古着屋自体が地域とのつながりを重視する例が増えているようである。彼らはその地域に住む高齢者の古着を仕入れて、若い世代がその服にまつわるストーリーを感じながら古着を買うということを重視している。それは単に物の再利用ではなく、**ストーリーの循環**なのである。そしてそのストーリーが、服を着ていた人のストーリーというだけでなく、地域のストーリーでもありうる。

そのような古着屋の新しい動向と、住みたい街で隣近所との交流を重視する傾向とは関連しているように思える。

ユニクロなどの新品を売るチェーン店で客と店員が会話することはない。そもそもレジが無人だ。そこではコミュニティが生まれない。だが古着をうまく使えば、古着を媒介としたコミュニティが生まれる。もちろん古着でなくても、こだわりのジーンズショップなどの個人店でもコミュニティが生まれやすいが、古着の場合地域の人からも仕入れるという特徴がある。空き家が増えたり、断捨離をする人が増えたりしている現代では、着なくなった服が大量に発生する。しかしSDGs的に見て、それを廃棄する時代ではない。だとしたら古着屋などが服を仕入れて、次の世代のために販売することは社会的にも意味がある。

古着屋と地方再生の相互作用

このように見てくると、地方の街に古着屋ができることの意味がだんだんわかってくるだろう。

古着を仕入れて、穴やほころびを繕い、洗濯してアイロンをかけて店に並べる。それを見た客は、今の時代にはない魅力に惹かれて買っていく。買わないまでも古着を見たり触ったりして癒される。

地方も似ている。古い建物や看板や道具がたくさん残っている。あまりに古くなるとそれを壊して新しいビルを建てた。だが今は、古い建物を壊す資金力もなくなって古いまま残り、しばしば朽ち果てる。そういうゆったりした時間の流れ、生き物のように死んでいく建物、時間が止まったかのような古い街並みに、ひたすら高速で情報が流動する生活をしている現代人は惹かれる。そこに癒しを感じるのだ。

だが困ったことに、地方再生というと駅前に大きなビルを建てることだと思っている人が多い。そうやって街の歴史を消し、日本中、もしかすると世界中に同じような都市をつくろうとする。

しかし、そうすればするほど、若者は古い歴史のある建物や街並みに惹かれるようになり、遊廓や料亭や赤線の跡地を訪ね歩いたりするのだ。

新しいビルが必要な場合もあると思うが、では街中の建物をすべて建て替えれば地方が再生するかといえばそうではない。ビルは大都市にはいくらでもあるし、ビルの中で忙しく働く人々は大都市に無数にいる。地方はスローな生活が魅力なのであり、それを失っては意味がない。スローというのは、ゆっくり時間を過ごすというだけでなく、物をつくったり、料理をつくったりするときも時間をかけてゆっくりつくることも意味する。ファストフードではなく、近くの畑で取れた野菜を丁寧に手仕事で料理したものをスローフードという。余暇の時間だけでなく働き方や生活の仕方がスローであることに意味がある。

もっと究極的には、スローとはゆっくり死ぬことであると言えるかもしれない。ゆっくり働き、ゆっくり食べ、ゆっくり生き、ゆっくり死ぬ。それこそが忙しくファストに生きざるを得ない現代人の究極の願望だろう。古着も中古レコードもキャンプでのたき火もそういうスローさへの願望の現れである。

だから古い建物を安易に壊してはならないのだ。どうしても古い建物では使いにくいという場合でも、解体して新築しなくても、リノベーションをすることでもっと魅力的な空間ができることは、この20年間のリノベーション業界の努力によって立証済みである。

古いホテルのリノベーションが成功した前橋市の事例

古着について考え始めた頃、私はちょうど文化庁の「建築文化検討会議」という会議の委員として意見を述べる機会を得た。女優の鈴木京香さんも委員だったことで、この会議を知ったという人も多いだろう。

建築文化検討会議は、文化財とはまだ言えない近現代建築が激しい都市開発と経済論理などによって解体されてしまう現実に対して、なんとか良い建築とその建築の周辺の地域文化・景観を守ろうという趣旨の会議である。

その会議で、ある建物を設計するとき、既存の建物は壊すことが既定事実になっていることがほとんどだという話を聞いた。既存の建物を活かしながら新しくする方法をとることはまずないという。

だが5月に取材した前橋市では、50年ほど前に建てられたホテルが、新築するよりも高いお金をかけてリノベーションされて大変評判になっているのを知った。設計は有名建築家の藤本壮介。既存の床を抜き、壁を抜き、新築も加えつつ、実にダイナミックな空間ができていて驚いた。藤本壮介なら新築でも画期的なホテルを設計したと思うが、でも藤本壮介だからこそ、新築以上のお金をかけたリノベーションが提案できたとも言える。そのほうが話題性があるし、50年という時間の蓄積の上に成り立つストーリー性を感じさせる建物になる。かつてのホテルに想い出を持つ人々にも納得がいく。

また建築文化検討会議で私は、有名な建築家が設計した建築に限らず、昔から家族などの冠婚葬祭で集った料亭も、昔誰もが行った映画館も、横丁の飲み屋ですらも、建築文化ではないのかという意味の発言をした。同様に、有名なファッションデザイナーの服だけが価値を持つのではなく、母が着ていた手編みのセーターも、祖父が着ていた一張羅の黒い背広も、一人一人の人間にとってはかけがえのない価値を持つ。そしてその価値は、実の子どもや孫でなくても、赤の他人の若者であっても、なぜか伝わる。

古着・古着屋の魅力は地方都市再生につながる

だから、前述した古着・古着屋の魅力は、まちづくりにも共通する。一点物としての個性やストーリー性は地方や古い街には必ずある。だがずっと住んでいる人はかえって個性に気づかない。だからその街から魅力を掘り出したり、解説したりする役割、あるいはコミュニティをつくる役割が街の再生には必要である。

また店と店を組み合わせて街の魅力を盛り上げるコーディネート力が必須。そしてジェンダー問題に対する寛容性も必要だ。また、たまに客が売る側に回ってフリマをするのも楽しい、などなど、古着・古着屋の魅力は古くなった地方都市の再生に活かせる視点を提供してくれる。古着屋と地方都市再生（中心市街地活性化）は、お互いに協力し合うことで相乗効果を上げることができるだろう。

シャッター通り化した中心市街地はいわば「**中古商店街**」である。そこにピカピカの最新のビルを建てて都会的にしようと考える節もあるが、むしろ古い店に古着屋を2、3軒入れたほうがいいのだ。東京から移住・Uターンして古着屋を始めたい人も多いだろう。古い商店街には古着屋が似合うし、おしゃれでもある（事例レポート1の前橋の例参照）。話し好きの店主なら年齢を超えて人が集まる。客の年齢層も幅広いから街に多様性が生まれ、シニアと若者の交流も生まれやすい。そこからまちづくりのアイデアが湧くことも期待できる。

郊外のショッピングモールには、人気ブランド商品をまねて安くつくった物ばかり売っているが、古着屋にはコムデギャルソンもマルタン・マルジェラもディオールもサン・ローランも本物がある。ファッション好きならモールより古着屋に行くし、味のある「中古商店街」の中の古着屋を好むだろう。

古着の聖地高円寺のルック通りだって、30年前は古ぼけた商店街でコンビニもなかった。まさに「中古商店街」だった。ところが代替わりなどで店が空いたところに古着屋が増えた（おそらく高円寺には俳優やミュージシャンの卵がたくさん住んでいたことが古着需要を高めた）。「中古商店街」が「中古品を売る商店街」となり、古着ストリートと呼ばれるようになり、今ではルック商店街と交差する何本かの通りにも古着屋が激増し、タイプの違う古着屋もたくさんでき、おそらく全部で200

軒近い古着屋がある。そこには全国、いや世界中から古着を求めて客が集まる。古着屋は街を再生する有効な手段なのである。

縦のつながりと横のつながり

これまで見てきたことを総合すると、現代人は縦のつながりと横のつながりを求めていることがわかる。そのつながりのきっかけを提供することが行政や企業などの役割である。

縦のつながりとは時間のつながりであり、歴史であり、物語性（ストーリー性）である。

横のつながりとは人間関係である。友人・知人、仕事や地域の中での人とのつながりである。

家族・イエというのは基本は縦のつながりである。親がいて、その親がいて、ずっと永遠に祖先がいる。ヒトになる前から祖先がいる。

同時に家族には、おじさん、おばさん、いとこ、義理のきょうだいなどとのつながりが生まれるので、縦のつながりでもあるが、横のつながりでもあり、斜めのつながりでもあるような複雑な関係だと言える。親より伯父さんが好き、兄より従姉が好きということもよくある話で、そういう斜めの関係だと話しやすい、付き合いやすいということもある。

だが現代では核家族化や人口の都市部集中が進み、家族・イエという縦のつながりが希薄化した。親類縁者も近くに住まなくなったし、地域社会の関係も薄らいだ。子どもが近所の子どもとあまり遊ばなくなった。昔は近所の子どもが3歳から小学6年生まで一緒に家の近くで遊んでいたが、今はそういうことは稀だ。近所のお店に子ども一人で買い物に行くこともなくなった。お店のおじさん・おばさんと子どもが会話するのも斜めの関係だが、これがなくなった。

つながりは学校や職場が中心となった。不登校が増え、精神を病んで仕事を休む社員が増えたのは、おそらく学校や職場以外の特に斜めの人間関係が薄れたことが一因だと思われる。

そうなると人は孤独になる。自分なりに自分に適したつながりを求めることになる。だからこそ、擬似的なものであってもつながりを求める人が増える。シェアハウスも移住も、斜めの人間関係や自分に適したつながりをつくるための重要な方法の一つだ。

人とのつながりを媒介するものの典型が古着だ。あるいは古道具、古民家、昭和喫茶、昭和の商店街などなどである。それらは年齢を超えたつながりを生み出しやすい。

そして古い商店街の古着屋で服を買う、買わなくても店主とおしゃべりをするという行為には、自分に適したつながりを地域の中で実現させる可能性がある。地域のおじいさんの服を若者が着るのも一種の斜めのつながりだと言える。

実際、単に服を売るというのではなく、中古化した街を再生することや高齢者とのつながりを目標にした古着屋が登場している。その事例を以下で紹介する。

また最後に、若い世代の移住が多いことで知られる神奈川県真鶴市の取材レポートを載せた。移住者にインタビューしていると現代のあまりに巨大化した社会システムへの疑問や疲れと、そうではない別の生き方への強い願望が感じられた。真鶴をただ訪れるだけの人たちにもそういう傾向はあるようであり、やはりストレスの多い現代社会での癒しを求めていると感じられる（もちろん真鶴だけではあるまい）。

再開発ビルを建てるだけの地方再生では地方の本当の良さが失われ、ますます人が住まなくなるどころか、立ち寄りもしてくれない場所になるだろう。地方の街の再生には古い物を活かすことが必須である。

事例レポート１　古着屋が街を変える

古着を通じてニュータウンをリ・デザインする――多摩市落合　ＳＡＪＩ

古着屋で社会貢献できないか

１９７１年から入居開始した多摩ニュータウンの中でも最も古い地域に属する落合地区の落合商店街に２０２３年２月古着屋ができた。今やオールドタウン化したと言われるニュータウンの団地になぜ古着屋ができるのか。ここには結構大きな問題が潜んでいる。

ニュータウン開発当初、各地区近隣商店街にあったのは八百屋、魚屋などの生鮮品の店と、肌着などの衣料品店、台所用品などの日用雑貨店、あとはお茶の店、定食屋、床屋など、生活必需の店に限られていた。

しかし周辺にスーパーやショッピングセンターができると商店街は廃れていき、空き店舗が目立つようになった。空き店舗に入居するのは福祉系のカフェやマッサージ店など高齢者向けの店が中心という時代が長く続いている。

落合商店街もその一つ。そこに２０１７年の秋に建築事務所と自宅を構えたのが先述の横溝惇さん。以来、「住み開き」を実践し、カフェ、食堂、物販、イベント、コワーキングスペースなどを事務所の一角で開いてきた。現在は多摩ニュータウン在住のデザイナーなどの作品を販売する「ＳＴＯＡ」を営業している。

また横溝さんは、多摩ニュータウンのまちづくりにも積極的に参画し、落合地区の隣の豊ヶ丘商店街で２０２１年10月に「ニューヨイチ」というイベントを仕掛け、2日間で1万人を動員した（三浦展編著『ニュータウンに住み続ける』参照）。

そういう横溝さんの最新の一手が古着屋ＳＡＪＩである。もともと聖蹟桜ヶ丘駅近くで21年間人気古着屋を経営してきた大和直子さんが、1年間ほどお店を休んだあと、心機一転ふたたび古着屋を再開するにあたり、多摩市内で物件を探すときに横溝さんに相談した。いくつか物件を見たが、落合商店街の横溝さんの事務所の目の前の店も空いていた。

最終的に落合商店街への出店を決めたのは、横溝さんが単なる建築家ではなく、まちづくりをしているからであり、自分も一緒に古着屋を通してまちづくりができないかと考えたからだった。

SAJI のオーナー大和直子さん

大和さんは「純粋多摩ニュー第１世代」である。１９７１年、多摩ニュータウン入居開始年、お母さんのお腹の中にいるときに多摩ニュータウン諏訪地区に引っ越してきて、そのままほとんどずっと多摩ニュータウンか多摩市に住んできたのだ。

お母さんはファッションが好

SAJIを設計した建築家の横溝惇さん。多摩ニュータウンのまちづくりにも力を入れている。入口ドアは、近所でヴィンテージ家具を収集している建材メーカーの岡崎製材から格安で仕入れた

きで、大和さんが子ども時代に商店街のリサイクルショップによく連れて行かれた。大和さんもファッション関係が好きで、美容師になった。だが手荒れがひどく、美容師を辞めて、古着屋を始めたのだった。

そういう大和さんがまちづくりに関心を抱いた一因は、聖蹟の店を閉じたあと、障がい者施設で働いたことにある。そこで気づいたのは、車椅子ではどこにも行けないということだった。障がい者が社会とつながることの難しさがわかり、問題意識が芽生えた。同時に、障がい者に服を選んであげる仕事をしていたので、自分はやはり古着がとても好きだということを再認識し、古着を通して社会に対してもっ

と何かできないかと考えたのだという。

だからＳＡＪＩを新しくつくるにあたって大和さんが横溝さんに示した条件は「車椅子でも店内に入れて古着を見られること」だった。普通の古着屋は古着がぎゅうぎゅうに詰まっているが、ＳＡＪＩではコムデギャルソンのブティックのようにかなり余裕を持って服を並べられるように横溝さんは設計した。予算の都合で什器も手作り。多摩市のリサイクルセンターにあった解体された家具なども使って仕上げた。それがかえって古着屋らしい。

「たとえば高齢の方が、もう着なくなった服を委託販売という形で手放すことによって社会とつながるのをお手伝いできればいいな」と大和さんは言う。

ニュータウンの団地を同潤会アパートにしたい

街に、特にニュータウンに古着屋がある意味とは何か。

横溝さんは言う。

「多様性というか、古道具屋でも中古レコード屋でもいいんですけど、そういう店があると、それまでの街にはない異物、ちょっと怪しい物が入った感じがして、それが面白いし、住民も実はそうした物を求めているると思います」

「僕の母は代官山同潤会アパートの中にあったｂｏｙという美容室に家のある所沢からわざわざ髪を切りに行っていたんですが、僕は小学校高学年で、いつも母についていきました。ｂｏｙの美容師さんは、カリスマ美容師なんていう言葉がある前のカリスマで、着ている服も、なんていうかもう、わけがわかんなくて（笑）、グラムロックみたいで、初めてカッコいい大人を見たと思いました。そして母が美容室にいる間、アパートをいろいろと見て歩きました。表参道の同潤会アパートほどじゃないけど、ブティックが入居していたり、ギャラリーがあったり、銭湯もあったり、ほんと面白くて衝撃を受けました」

なるほど！　その話を聞いて私は気づいた。そうか、横溝さんが多摩ニュータウンの商店街でしていることは、同潤会アパートの再現なのだと。そこまで言うと大げさだけど、でもあと5年、10年したら、多摩ニュータウンの商店街がそんな風に変わっていたらと思うとわくわくする。

ニュータウンは極めて近代主義的な未来指向的な価値観で1960年代に計画され、その世界観のままつくられ続けてきた人工的な都市である。そこでの暮らしは次々と産み出される新製品を消費することで豊かになれると信じる暮らしだった。だがそれから60年。明らかに時代は変わっている。ニュータウンがオールドタウンになったとよく言われるが、お腹の中の子どもから100歳の老人、そして障がい者、要介護者までが一緒に住める街はよい街だ。

もちろんSDGsの観点からも、衣服や日用品や家具などの新製品を買わずにストックの循環で暮らせるニュータウンというものができるなら、それこそが今後世界が目指すべき、いわば「サスティナブルタウン」「ウェルビーイングタウン」と言うべきものであろう。

取材後、SAJIにはネットで検索して遠方から客が来たり、前述したミウラノにはとてもおしゃれな金髪に髪を染めた若い女性が来店し、私の母の遺品である帽子を買っていったそうだ。いつもは絶対多摩ニュータウンでは見かけない、原宿か

「こども店長の日」というイベントも開催する（写真提供 増田具子）

下北沢の古着屋に行くはずの人だ。しかも彼女の行きつけの美容室は横溝君が子ども時代に感動したｂｏｙだという！　そんな女性が彼女より60歳以上年上の母の帽子を買ってくれたことに私は感激した。と同時に、買ってくれてありがとう！　という感謝の気持ちと不思議なつながりの感情が生まれた。

初出：「ライフルホームズプレス」２０２３年４月29日

おじいちゃんの背広は究極の一点物——前橋　服屋シャオ・そなちね

「自分の父親世代（60歳くらい）からおじいちゃん世代（90歳くらい）の服を仕入れて若い世代につないでいくことを店のコンセプトにしています。最近おじいちゃん世代の断捨離が多くて、知り合いの古道具屋さんが、古い家にある物を全部ただでいいから持っていってと言われることが多いようなんです。僕もそれについていって、洋服をレスキューします」と語るのは「服屋シャオ・そなちね」の高橋颯《かざむ》さんだ。「レスキュー」とはまだ使えるのに捨てられそうになっている物を救い出してくることを意味するらしい。

そなちねは、前橋市の中心、ご多分に漏れず寂れたアーケード商店街に2022年11月にできたばかり。だが、ずっとそこにあったかのような不思議な存在感がある。前は鍋や包丁や家庭用品を売る店だったが、それをそのまま使い、看板もそのまま。売っているのが昭和の古着ということもあって、ずっとそこにあるように見えるのだろう。

服を見ていて面白いのは、50～60年前に仕立てられたと思しき背広だ。昔は百貨店などで既製服を買うのではなく、テーラーに頼んで背広をあつらえるのが普通だった。

「とても良い生地を使って、その人の体型に合わせてつくられています。だから一着一着が素材も形もサイズも全部違うんです」

なるほど究極の一点物が、あつらえた背広なのだ！　一点物であることは古着の魅力の一つだが、その魅力が凝縮しているのである。

とってもおしゃれで映える髙橋颯さんとパートナーのＬＯＹさん。ＬＯＹさんはヘアモデルをしていて、お店ではデザインとイベント時の料理担当だそうだ

色もサイズも一着一着違う。テーラーであつらえた背広だからこそだ。所有者の苗字が刺繡されていることにもストーリー性を感じるという

店内には古いインテリアも置かれている

そしてそういう背広には所有者の苗字が刺繍されることが普通だった。それも若者にとっては魅力だという。

「その人のためだけにつくられた背広を着ることで、その人の人生を感じるというか、自分とのつながりを感じるみたいなところがある。」

背広は体のサイズと形が似通っていないと気持ちよく着られないわけだから、自分と同じような人が50年以上前にいたと感じられるのは、たしかに不思議な感覚かもしれない。

「大学の入学式に着るために背広を上下で買いたいという高校生もいました」という。

「君の名は」のようなアニメでしばしば見られる時空を超えた出会いのような話だ。

お店は家庭用品店をそのまま使っている

私の父もこういう背広を持っていた。家にテーラーの主人が着て採寸をしている光景を今も覚えている。だが私の世代は親とは絶対に違う服装をしたいと思った世代である。父親や祖父の世代が着た服を着るなんて、考えたこともない。

時代は変わる。私にとっては前述の藤本壮介のホテル（162ページ）も古着屋のそなちねも等価である。街に及ぼす影響に大小の差はあるだろうが本質は同じだ。それは、古い物を活かしストーリー性を重視し、強い美意識で新しい価値を加える活動である。こういう活動こそが地方を活性化する。

初出：「ライフルホームズプレス」２０２３年６月18日

たくさんの古着を見ていると心が落ち着く——大宮　ヨクフウク

洋服ではなく、ヨクフウクである。大宮と書いたが、実は店舗を持たずイベント的にいろいろな場所で古着を売っている。

店主（？）は鈴木麻由子さん。埼玉県出身。「他人と同じことをするのが嫌いな人間で、人見知りでもあり、小学校に行きたがらず、親にクルマで学校に連れて行かれていました。中学時代からファッションが好きだった。シノラー（篠原ともえの服装をまねた女子）に憧れていました。雑誌の『CUT·iE』が大好きで、原宿を歩いていたら『CUT·iE』に掲載されたこともあります。」

お父さんは公務員。自分も大学を出て就職してずっと勤めるのが普通だと思っていた。ところがまったくやる気が湧かず大学1年で退学。自分は何が好きなのか考え直し、ファッションの道へ。ブティックでバイトをして入学金を貯め専門学校に入学した。卒業後はフリーター。駅ビルやショッピングモールなどのブティック店

鈴木さん。店名と親鳥が卵を暖めるイラストを刺繡した

員をした。だが「モールの中の店で、そこそこ流行に乗った小ぎれいな服を着るだけで面白いの？」と疑問を持った。

音楽が好きなので恵比寿のレコーディングスタジオでも働いた。仕事は面白かったが窓のない地下のスタジオで早朝から深夜まで働くので、季節をちゃんと感じる暮らしがしたいと思い離職した。1年間散歩をして暮らした。

あるとき川越市に新しくゲストハウスができると知り、そこのカフェの店員になった。そのゲストハウスには、カフェを夜はバーをしてみようとか、いろいろなことにチャレンジをする人が多かった。

ゲストハウスに出入りしていた人たちの中にいつも素敵なファッションの女性が

いた。どこで買ったんですかと鈴木さんはしょっちゅう聞いた。すると彼女は「こういう服が好きなら、気に入ったものがあればあげるよ」と紙袋一杯の服を持ってきてくれた。いくつかの服について鈴木さんへのメッセージが書かれたポストカードが入っていた。

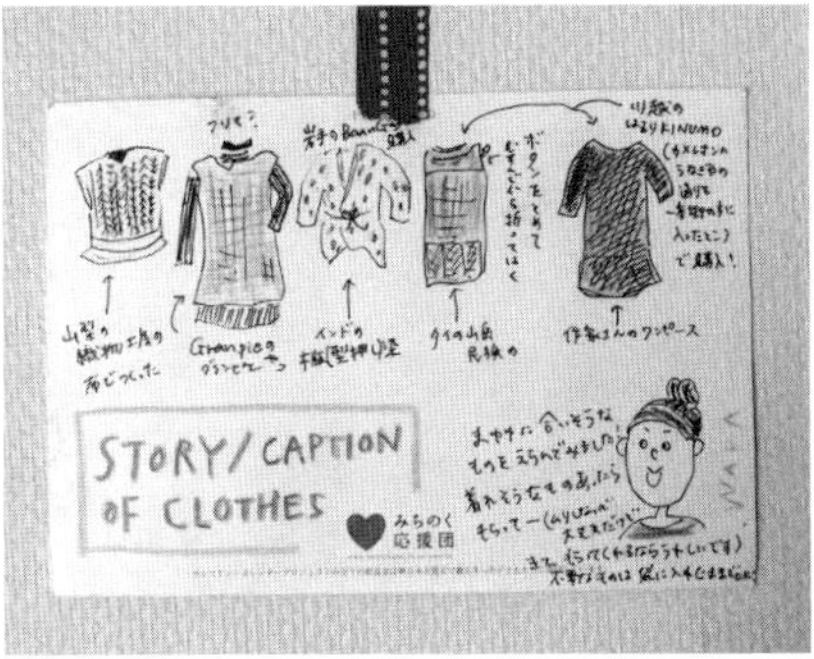

古着と一緒にメッセージカードをもらった

　鈴木さんはひらめいた。服への思いや想い出を紙に書いて服につける古着屋。古着にまつわるストーリーがわかる。そこに共感しながら買う。「そういう古着屋をやってみようかな」とゲストハウスの経営者の一人だった女性に言うと、彼女は「いいね、やりな、やりな。考えてばっかいないでやればいい。３着だけでもいいからやれ」と背中を押してくれた。

　まずはゲストハウス内で自分の古着を売ってみた。思いのほか反響があった。それで次は大宮の

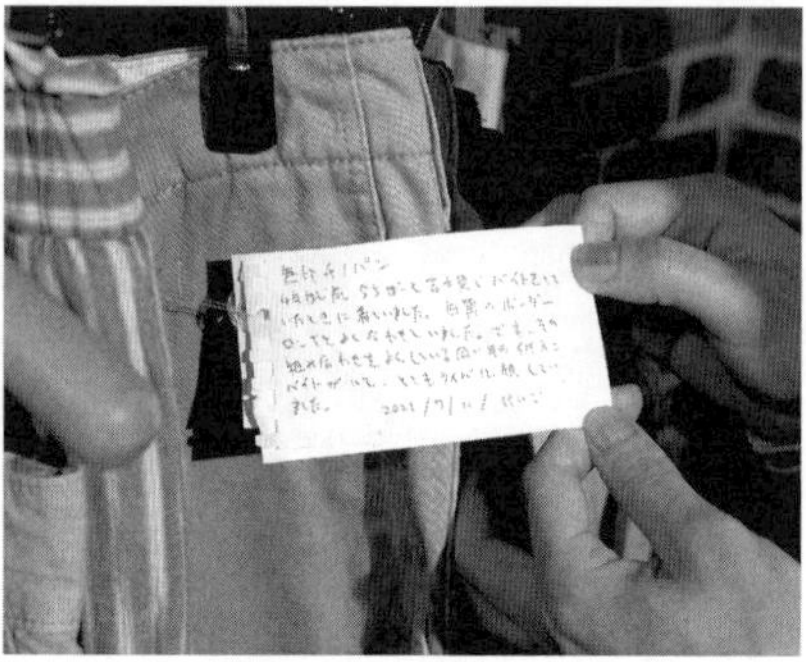

古着一枚一枚に前の持ち主によるコメントが付いている

氷川神社の近くのベーグル屋の一角で古着を売った。

ヨクフウクは漢字では「翼覆嫗煦《ヨクフウク》」という難しい字を書く。親鳥が雛や卵を翼で覆って嫗煦《ウク》つまり暖めて育てること。服を人が暖めて育てて、また次の人に手渡していく、という気持ちを込めた。もちろん「洋服」のもじりでもある。

２０２１年12月には大宮駅前の中央通りに面した古いビルにある「アンパン」という建築事務所の１階のフリースペース「イースト」で売った。イーストは東の意味ではなくｙｅａｓｔであり、発酵を意味する。

アンパンの代表が先述の伊藤孝仁さん。彼は神奈川県の真鶴出版などの設計をしたトミト・アーキテクチャーのメンバーだったが、その後トミトを辞め、大宮のまちづくり会社にも参画しながら、自分の事務所自体をまちづくりの一環として活用している。大宮駅東口再開発ビルの前の歩道を使った古着マーケット「OMIYA STREET WARDROBE」も2022年に開催した。

伊藤さんを紹介してくれたのはエディトリアルデザイナーの直井薫子さんだった。彼女はさいたま市の広報誌をデザインする仕事をしていて、各種のまちづくりの仕事もしていた。北浦和の「コミューン常盤」という集合住宅の一室を住居兼事務所にしているほか、コミューン常盤内で行われるイベントを企画・実施もしていた。鈴木さんはたまたま彼女と知り合い、彼女がイーストでの古着屋を勧めてくれたのだった。

2022年5月から1年間鈴木さんは直井さんが経営するハムハウスの従業員となった。ハムハウスは旧さいたま市立大宮図書館の建物を活用した文化施設「Bibli」（ビブリ）の中で貸本棚スペースを運営しているが、その一角でも古着を売るのである（なお、その後貸本棚スペースはBibliから撤退したので鈴木さんの店もない）。

他にもBibliの近くのギャラリーの一角を借りて古着を売ったり、知人の若

知り合いの農家の女性の勧めで、彼女の家の畑で古着屋を開いたこともある。右手の小さい小屋は無人野菜販売所

い女性が農家をしているので、彼女の畑の脇の無人野菜販売所の隣でも古着を売ったりしている。神出鬼没である。

鈴木さんは中古レコードも好きだ。ときどき気持ちがザワザワして、無性に大宮のディスクユニオンに行きたくなる。実はレコードプレイヤーを持っていないので、ただたくさんの中古レコードを見にいくのだ。でもそれが癒しになるという。

「古着も同じ。カルチャーの一つ。古着屋でたくさんの古着を見ていると心が落ち着く。安心できる。モールの中のきらきらした世界だけだと疲れる。街には古着屋とか中古レコード屋が必要」と言う。

私も母の遺品のワンピース20着ほどを彼女に預けた。もう30年から50年ほど前の服だが、なんとなく母が着ていた記憶がある。そういう服をゴミとして捨てるのは忍びない。チェーン店の古着屋にダンボールひと箱数百円程度で売るくらいなら無料でいいからと考え、信頼できる鈴木さんに預けた。鈴木さんがまた顔の見えるお客さんに売ってという形で服を引き継いでもらうほうが、たしかにうれしいなと私は実感した。

初出：「東京人」２０２３年9月号

この地域をもっと知って欲しい——湯島　ＳＩＲＴＵＲＤＡＹ

御茶ノ水駅からほど近い湯島に古着屋ＳＩＲＴＵＲＤＡＹが開業した。この界隈は旧料亭街であり、裏に回ると秋葉原に近いせいか電気関係の会社、本郷にも近いためか出版社もある。が、古着屋は珍しい。

今井さん。お店の近くの古いビルの前で。買い付けのための渡航で自分が感じたことや現地の雰囲気を伝えることも自分の役割だと思っているので土産話も楽しみにしてもらいたいと語る

「SIRTURDAYはサータデーでもサタデイでもどう読んでくれてもいいです」とオーナーの今井悟さんは言う。私はサトルという名前を名刺で見て、もしかしてサトルから付いた店名かと思ったが、ほんとにそうだった。ボストンのヴィンテージ古着屋（Bobby from Boston）に勤めていたとき、サトルだからSIRTURDAYという愛称を店主のボビーに付けられたというのだ。たしかにSIRTURDAYをネイティブ風に読むとサトルデーと聞こえる。

今井さんは2007～12年までアメリカのボストンに滞在。先述の老舗ヴィンテージ古着店で3年半ほど働いた。ボビーが体を悪くして車椅子生活だったということ

ともあり、買い付けはもちろん、生活全般をほとんど一緒にしていて、その中で古着や店作りについての基本的な知識やノウハウを学んだという。

その後、ビザの関係で日本に戻らざるを得なくなり、アメリカに行けない期間があった際、以前から興味のあったヨーロッパでバックパック旅行を続けながら、古着を買い、帰国するとイベント出店などで古着を販売し、生計を立てた。

sirturdayの店内には写真やポスターが飾られている。アメリカでは古着屋勤務だけでなく、写真の学校にも通った。ロバート・フランク、ウォーカー・エヴァンス、エリオット・アーウィット、カルティエ・ブレッソンらが好きだという

「旅」が好きで、それぞれの国や地域の歴史、文化、伝統、そしてファッション、音楽、アート、建築などに関して時代背景や移り変わりに興味があるという。

２０１７年に本郷三丁目で実店舗を

開始。2022年に現在の湯島の広いスペースに移動した。今の店はヴィンテージマンション専門の不動産会社に勤めるパートナーが見つけてきてくれた。

置いてある古着にも個性があり、ヨーロッパの中でも北欧のヴィンテージやミリタリーなどのアイテムが置いてある。中でもマリメッコやヴォッコといったフィンランドを代表するブランドの古着は他店では私は見たことがない。

「古着屋は何かを買わなくても話ができるところが面白いです。自分は、古着を入口にして自分の訪れた国の話を伝えられることをとてもうれしく思っています」と言う。

実は今井さんの実家は湯島の隣の本郷。古着屋の立地として本郷や湯島は珍しい。そこでやりたいと思ったのはアメリカで住んでいたボストン・ケンブリッジと本郷界隈は同じ学園都市で雰囲気が似ていたということがあった。

「生まれ育った頃はあまり気に留めていなかった場所でも、歴史的な場所がたくさんあり、良いお店もたくさんあって、なのにそういう場所が時代とともになくなったり壊されたりしていく。それを食い止めたい、もっとたくさんの人に来て、知ってもらいたい。街自体を盛り上げたい気持ちは強いです。わざわざここを目指して来

街を盛り上げるため本郷から湯島にかけてのお店のマップをつくった

るエリアにもっともっとなっていったら最高です」と言う。本郷・湯島の新しい店の情報を入れた地図も自分でつくった。

「上野や秋葉原、神田や神保町、谷根千エリアと隣接しているエリアなので、まずはそういった場所と絡めて本郷や湯島に来てもらい、良さを知ってもらうのが最初のミッションかと思っています。そのためにまずは違うタイプの古着屋か、飲食店でも宿泊施設でもいいんですけど、二、三軒つくってみたいです」。リノベーション業界にいるパートナーさんの力もあれば、きっとうまく行くに違いない。

初出：「東京人」２０２３年９月号

近所のアーティストの作品も置く――江東区高橋　THINK

1931年からの古い街は穏やかな雰囲気で一目見て商店街が気に入りました

センスの良い古着がギュッとまとめて揃えられたTHINKは江東区高橋の商店街、通称「高橋のらくろード」にある（駅は都営新宿線森下駅）。オーナーの武田伸一さん34歳は千葉県の柏市の出身。なので森下とか東京東側はある程度土地勘はあったが、街に降り立ったのは店探しをしてからが初めてだという。

開店は2017年。それまでは2年ほど下北沢でギャラリーを借りて古着を売っていた。だが客が多すぎた。贅沢な悩みに聞こえるが「僕はお客さんと話しながら古着を見て欲しいから」だという。

たしかに下北沢は、高橋よりはるかに人が多く、古着屋も古着チェーンも多い。客が三、四人組でどどっと入店してくることも多く、落ち着いた店づくりが難しい面もある。

「下北沢のギャラリーのオーナーさんも親切にしてくださったのですが、やはり自分の店を持とうという時に、下町もいいかなということで高橋の物件も見たんです」

「来た瞬間好きになりました。1931年からの古い商店街で、穏やかな雰囲気で、即決しました」という。

最近おしゃれな店が増えている清澄白河の隣だからという気持ちはなかった。だが開店してみると、清澄白河や高橋のマンション住まいのお客さんは多い。東京都現代美術館帰りの人も来る。

「清澄白河に住んでいるけど、高橋の商店街に食べに来るという人もいて、だんだん商店街にも新しい店ができていきます」。たしかにパン屋、古本屋、ピザ屋、ケーキ屋などが近くにある。

普通プラスちょっと異常

柏も古着屋は多い。だから中高生の時から古着好きだった。進学先も就職先もフ

店頭のジャケットとシャツの組み合わせがジム・ジャームシュ風

ァッションではなかったが、いつか古着屋をやりたいという気持ちは変わらなかった。

子どもの頃から映画や音楽も好き。ある映画のワンシーンが気に入って何度もそのシーンを繰り返して見る子どもだった。特に好きなのがジム・ジャームシュの「パーマネント・バケーション」。主人公が着るシャツとジャケットの組み合わせに惹かれた。

「置いてある服もファッショナブルというより普通プラスちょっと異常というか。お客さんも、何て言ったらいいかわからないけど、この店の品揃えが好きだと言ってくれます。THINKは私の見つけた店、と言ってもらえるとうれしい。今も古い映画や音楽が好きです。ジャズだけどジャズじゃないフェイクジャズとか」。取材時かかっていたCDはラウンジ・リザーズだった。

店の近くに住むデザイナーらによる写真集や詩集も置かれている

店には小さな写真集や詩集も売っている。近くに住むデザイナーやコピーライターの作品だという。写真集は深川地区の各所で写真を撮り、その壁や水などの色をクローズアップしたものだ。まさに普通なのに意外性がある。面白いので私も私の撮影した街のミニ写真集（スマホからオンデマンドで作成できるもの）をTHINKさんに置いてもらうことにした。どんな人がそれを目にして、そこからどんなつながりが生まれるか楽しみだ。

またTHINKから数分の都営新宿線菊川駅至近にはミニシアターの「ストレンジャー」が2022年開業した。武田さんの好きそうな映画もたくさん上映する。私も、映画を観て、古着屋を見て、居酒屋で飲んで帰るという一日を過ごしてみたい。

初出：「東京人」2023年9月号

事例レポート2 地方移住——定年後に真鶴に住んだ男性は何を感じたか

若者だけの移住で良いのか

岡康治さんは大手自動車メーカーのデザイナー、プランナーだった。最近定年退職したので、ゆっくりしながら少し社会貢献活動をしようと思っていた。

奥さんが相模湾が見える家に住みたいというので、30年住んだ港北ニュータウンのマンションから引っ越すことにした。だが鎌倉や逗子では高い。いろいろ探しているうちに娘さんが結婚して小田原に住むことになった。だったらその近くもいいなと思って探し直すうちに神奈川県真鶴町に良い物件が見つかり引っ越した。山の上から海を一望し日の出が見える絶好の部屋だ。

それまで真鶴のことはまったく知らなかった。まして真鶴に若い移住者が多く、素敵な店をたくさん開いているなんて、全然聞いたこともなかった。毎日取れたての魚を食べて感動していただけだった。

岡さんが真鶴に移住したことを知った私は、真鶴には知り合いの建築家が建てた出版社兼宿泊施設の真鶴出版というのがあるから、行ってみたらと連絡した。

岡さんは25年ほど前、プランナーになった当初に上司から社会学の本を読むように言われた。しかし、図書館に行って社会学の本を読んでも、どうもピンとこなかった。

しかしある日「これだ！」という本を見つけた。それが私の『「家族と郊外」の社会学——「第四山の手」型ライフスタイルの研究』だった。郊外に住む、しかもこの本が「第四山の手」と定義している郊外に住む自分たち中流サラリーマンの、家族と生活と心理が描かれていると思った。クルマは中流家庭に必須の道具であるから、この本を読むことで次の時代のクルマが発想できるのではないかと思えた。

岡さんは早速私に会いに来た。多摩ニュータウンのパルテノン多摩で1999年に行われた、私も講師の一人だった連続講演会「郊外と現代社会」も聴講した。郊外というものが戦後日本社会の中でどう位置づけられたか、その中でクルマがどういう意味を持ったかがわかった気がした。クルマ、住宅、家電、外食産業、音楽、テレビドラマなどを通じてアメリカが日本人に圧倒的な影響を与えたこともわかった。日々のデザイン業務に追われていると、そんな歴史的経緯は考えない。だがプランナーという立場では、こうした広い視点や歴史的視点が必要なのだと感じた。

翌年岡さんたちプランナーチームは私のクライアントになった。まずは原宿、恵比寿、代官山、下北沢、吉祥寺、高円寺といった若者の流行発信地を歩き回った。当時の自動車メーカーや家電メーカーは、20代だった団塊ジュニアの嗜好をとらえてヒット商品をつくることに躍起になっていた。私には多くの企業がそうした相談に来ていた。

だが彼らはいつも会社の中で机上の空論を考えるだけであった。当時はインターネットはあまり普及していないから、雑誌を見たり、テレビのトレンド情報を見たりするくらいだった。実際に街に出て店を見たり商品を見たり人を見たりすることはなかった。

しかしそれでは肌感覚がわからない。実際に街の空気を吸うことが必須である。当時の私はどんな企業の場合でもまず街を歩いてもらったのである。

岡さんはそういう街歩きに特に刺激を受けていた。社会学の若者論を読んでもピンと来なかったが、実際に街に出て、若者がどんな服を着ているか、どんな場所で何をしているかを見ると、従来の若者像とはまったく異なるものが見えてきた。

自動車メーカーの社員は社会全体から見ればエリートである。大きな企業で安定した収入を得ている。何よりもクルマが好きだ。だが当時は若者のクルマ離れが言われ始めた頃だった。カッコいいスポーツカーに憧れる若者は減っていた。初代日産キューブのような地味な四角い箱のようなクルマが団塊ジュニアに人気だった。どうしてそんなクルマが人気なのか、実は自動車メーカーの社員自身がわからずにいた。だが街を歩くとそういう若者の気分がわかった。と同時に次の若者が何を欲しているかもなんとなくわかる気がした。

こうして岡さんと私は足かけ5年ほど付き合った。私が開いた「現代社会論入門講座」に岡さんは毎年参加して、自分なりにまとめを発表するほど積極的に取り組んだ。

そういう岡さんだから、真鶴に引っ越して単に海を眺めて魚を食べて満足するはずはないと私は思った。何かその土地で新しい動きを見つけることを楽しめるはずだと。だから真鶴出版を紹介したのである。

2023年3月31日に真鶴に取材に行くよと、私は岡さんにメールした。岡さんは早速調査を開始し、まず真鶴出版に行き、そこで紹介してもらった店や、雑誌などで紹介されている店を探訪し、綿密に31日の取材スケジュールを立ててくれた。ああ、やっぱり岡さんは昔と変わらないなと私はうれしくなった。

岡さんは冒頭に書いたとおり、社会貢献、地域貢献をしたいという。4月1日から真鶴町役場の任用職員となり、会議室やホールなどの多目的施設の受付・管理業務を行う。個人的にも家族関係のテーマでコミュニティ活動をしていきたいという。

若者ばかりが話題になる地方移住だが、それだけでいいのか。たしかに定年後の高齢者が移住してきて、ただ海を見て暮らし、最後に病気になり要介護者になるだけでは、自治体にとっては負担である。

だが若者だけでは不足する知恵や経験を高齢者は持っているはずだ。地域に貢献する高齢者なら移住してきてもらったほうがいいし、高齢者にとっても若い世代と付き合い、友人になることが生きがいになるし、もしものときも心強いだろう。

新しい店なのに昔からあったように見える

3年ぶりに訪れた真鶴には3年前と同じ空気があった。海辺の町独特なのかもしれないが、空気がどことなく湿度を含み、人を柔らかく包むような感触がある。取材をした移住者たちも、ふと真鶴を訪れて、その瞬間に真鶴が好きになり、すぐに移住を決めたという人たちばかりである。何とも表現しがたい魅力が真鶴にはあるらしい。

海、坂道、ミカンの木、花、気さくな住民、古い家、錆びた鉄。閉店した床屋や美容室やたばこ屋はとてもかわいい。すぐにでも誰かカフェか雑貨屋にしてほしい。町役場もレトロで味がある。コンビニはあるが大規模なスーパーやショッピングセンターはない。魚屋はたくさんあり、肉屋だってある。ただの田舎。ただの何もない町。でも若者が惹きつけられる。それは何故だろうと考えながら岡さんと真鶴駅から少し歩いて、真鶴ピザ食堂KENNY（ケニー）に着いた。あいにくこの日は定休日だったが、岡さんはこの店を気に入っていて、町内の飲食店で一番利用しているらしい。

「月に何度かランチや子どもの帰省時にテイクアウトで持って帰ります。横浜にいた頃はそこまでピザを食べることはありませんでした。というのもケニーさんの名物が干物ピザで、地魚の鯖、うずわ（ソウダガツオ）、鯵などの干物のトッピングがあって、それがチーズに合うんです。その塩加減が抜群ではまりました。一般的なピザメニューもあり、どれも千円前後とお手頃なんです」と興奮気味に語る。

「あとは店の奥さんのお人柄ですね。ランチタイムの超忙しい時に行っても笑顔で接客してくれてとても気持ちいいです。」

「それと、以前ここは別の食堂でしたが、その面影を残してあるので昔からこの町にあったみたいに見えるんです。店主は真鶴に移住する前は吉祥寺のイタリアンレストランで働いておられました。そういう町で培われたセンスをこのピザ店から感じましたね。レトロで懐かしい。生き生きしていてカッコいい。そう、吉祥寺と言えば、三浦さんの町歩きで連れて行ってもらったのを思い出します。」

ニュータウンに違和感を感じて真鶴へ

そこから私たちは坂道を少し歩いて、真鶴出版に着いた。真鶴出版では來住《きし》友美さんが宿泊を担当し、パートナーの川口瞬《しゅん》さんが出版活動をしている。2015年から真鶴に移住し、2018年に古民家を改造して今の出版社兼宿泊施設をつくった。設計は先述のtomito architecture（トミト・アーキテクチャー）。冨永美保と伊藤孝仁の二人を代表とする設計会社だ（現在伊藤はトミトから独立している）。トミトが横浜市につくったコミュニティプレイスcasaco（カサコ）の設計プロセスが載ったWeb記事を見て、建物のある環境やその周りで起きている出来事を設計に取り入れようという姿勢に惹かれ、彼らなら自分たちの思い描くものを実現できるとトミトに設計を依頼した。

建物の完成後、私はトミトの案内で2020年2月に初めて真鶴を訪れ、真鶴町

真鶴出版にて來住さん（左）と岡さん（右）

に「美の基準」というまちづくりの規則・定款《ていかん》のようなものがあることを初めて知った。真鶴出版もその基準をよく咀嚼《そしゃく》してつくられた。設計から完成までの経緯は『泊まれる出版社』（真鶴出版）に詳しい。とても感動的な本である。

当日岡さんと私の相手をしてくれたのは來住さん。私は3年ぶりにお会いしたのに、早速話が盛り上がった。さすがだ。

真鶴出版に泊まると、來住さんらが町案内をしてくれるのだが、それがきっかけでますます真鶴が好きになり何度も訪れたり移住を決めたりした人たちも少なくない。いわば來住さんらは真鶴町の観光大使のような存在だ。

來住さんは川口市のマンション育ち、川口さんは千葉県の社宅育ちだ。來住さんはその後横浜市のニュータウン（戸建て新興住宅地）に引っ越した。そのときの環境の変化が彼女の人生を変えたらしい。横浜のニュータウンは川口に比べてコミュニティが希薄だと感じられたのだ。良い大学に行き、良い会社に就職する、という人生コースが強く信じられていた。そういう雰囲気に違和感を感じた來住さんは、そうではない人生を歩んできた。そういう彼女の現状での帰着点が真鶴出版だ。

岡さんは自動車会社のデザイナー、プランナーだったと私が紹介し、子どもたちにクルマのことやデザインのことを教えられるかもしれませんよ、と言うと、來住さんも乗り気になった。若い人に限らずいろいろな人が真鶴に来たり、住んだりして、多様な交流が生まれることを來住さんは望んでいるのだろう。

子ども一人が育つには、一つの村が必要だ

真鶴出版を後にして、次は2022年6月にオープンした道草書店に伺った。店主の中村さん夫妻はそれまで東京の文京区に住んでいた。しかし子どもができて、子どもを育てる環境として東京はどうなのかと疑問を持ち始めていた。

あるときふとクルマで真鶴に行き、初めて降り立ったのが海岸で、その時感じた

風や光の具合などがとても素晴らしくて、本当に降りた瞬間に、あ、ここにしよう！　と決めた。その時は真鶴がどんな町なのかも知らなかったが、家に帰りすぐに真鶴の家を探し、3カ月後には引っ越したという！

中村竹夫さんは文京区では整体師をしていた。パートナーの道子さんは会社勤め。会社を辞めて真鶴に来たときはまだ真鶴で何をするか決めていなかった。町に移住してすぐにコロナ禍になり、つながりも持てずにいたとき、町で声を掛けてくれる人たちが、声を揃えて「町に本屋がない」と嘆いていた。中村さん夫婦は、2人で完結できる生業を持ちたかったので、本屋がないなら自分たちでつくろうと考えた。湯河原に私設こども文庫「こみち文庫」があったが、その閉鎖に伴い蔵書を3500冊寄贈してもらった。開業してしばらく移動本屋として真鶴の各地に出店した。

道草書店は単に本を売るだけではない。売り場から和室に上がると、そこにある絵本、児童書を中心に本を子どもたちが無料で読めるようになっている。本の量でいうと無料で読める本のほうが多いくらいだ。中2階は子どもの居場所になっている。

岡さんは中村さんがどこかの雑誌で語っていた言葉「子ども一人が育つには、一つの村が必要だ」という言葉にいたく感銘を受けていた。それはアフリカのことわざだという。それに比べると今の日本では一人の子どもを親二人だけで育てる。それでも育つが、何かが足りない。親とは違う大人との出会い、会話、大人の仕事を見る機会や手伝う機会、年齢の違う子どもとの集団の遊びなどが足りない。

1960年代くらいまではそういう環境が大都市圏にもまだ残っていたが、しだいに子どもの生活空間と生活時間は個人化・細分化していった。ある子どもは塾へ、ある子どもは習い事へ、ある子どもはリトルリーグへなどなど。そして中学受験が当たり前になると、せっかくの地域の中の友達とも疎遠になる。まして地域の大人たちとの付き合いはほぼなくなる。岡さんも地方出身で、横浜で子どもを3人育てて、何か感じるところがあるのだろう。

本と美容室とコーヒーと

他にも真鶴には本を置く店が増えているようだ。2020年11月開店した「珈琲店watermark（ウォーターマーク）」もそうだ。店主の栗原しをりさんは以前は倉敷に住んでいたが、同市の有名な古本屋「蟲文庫《むし》」の店主・田中美穂さんとも知り合いらしく、蟲文庫がセレクトした本も売っている。

栗原さんは北海道出身、仕事の都合で倉敷市で生活していた。真鶴出版で知った真鶴に来てみて、すぐに気に入った。

地元の人がスーパーやデパートではなく、肉屋や魚屋といった個人商店で買い物をする姿を見て「昔ながらの風景が今も残り続けるこのまちなら、私がお店を開いても人が来てくれるかな」と思ったという。

その名も「本と美容室」という美容室もある。2022年9月開店。古い平屋の木造住宅を改装したもので窓からの眺めがとっても素敵だ。髪を切る部屋の奥のほうに本がたくさん置かれた部屋がある。あまり見たことのないような本が並んでいる。窓からの光がちょうど良く入り、窓辺に座って本が読める。

美容師の高山紗季さんは原宿の美容室に勤めていたが、仕事は流れ作業で分業しており、1日に13人もカットだけをするという忙しい毎日に疑問を感じていた。

あるとき真鶴出版のことを知り、試しに宿泊したら真鶴が好きになりそれから何度も訪れた。最初の滞在中に「出張美容室」の存在を知った。それはやはり原宿で活躍していた美容師の菅沼政斗さんによるものだった。菅沼さんは原宿の店を辞めて神奈川県三浦市の三崎に移っていた。三崎では、出版社アタシ社を設立していた

「本と美容室」外観（撮影・岡康治）

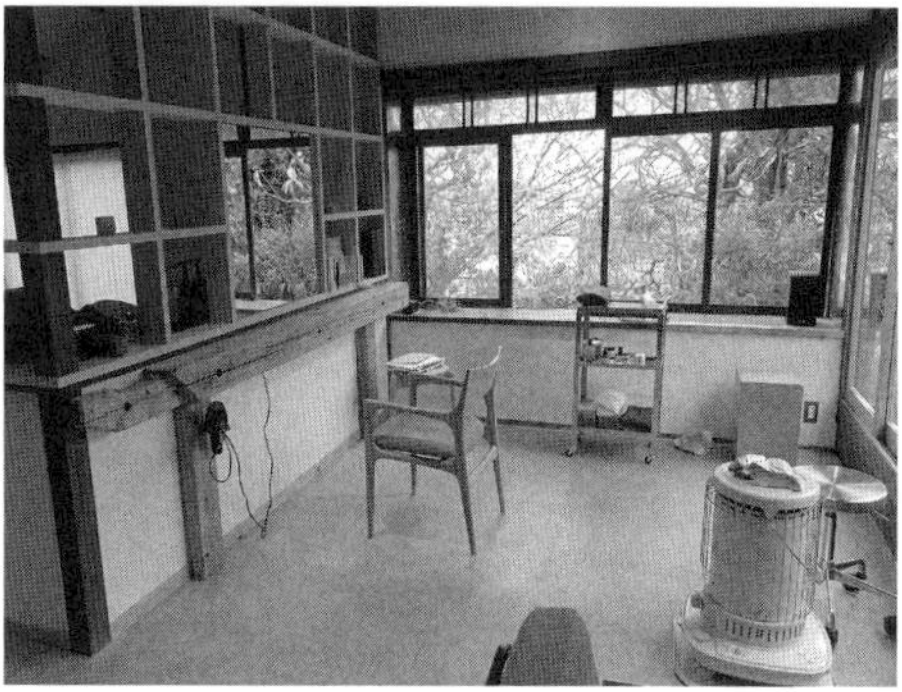

美容室内（同上）

「本と美容室」の本のある場所で。右が高山さん

ミネシンゴさんが蔵書室「本と屯《たむろ》」と美容室「花《はな》暮《ぐれ》美容室」を経営していたが、ミネさんと菅沼さんが始めたプロジェクトが「本と美容室」だった（今後全国展開を目指すという）。

菅沼さんは真鶴には美容室を持っておらず、知り合いの紹介で出張美容師として月一度真鶴に来ていた。出張美容室は移住者にも真鶴の町の人にも大人気だった。高山さんは「こういう働き方がしたい」と関心を持った。そして三崎の花暮美容室に予約を入れ、髪を切ってもらいながら、「私もこれからの美容師としての働き方を考えている」と話したところ、菅沼さんが「今、真鶴に店をつくろうとしているんだけど、興味ある？」と言ってくれた。それが「本と美容室」だった。

「本と美容室」に勤めて高山さんは原宿時代よりもゆったりと仕事ができている。

「横須賀から通っているので、通勤は少し大変だが、真鶴につけばお客様一人一人と世間話をしながらゆっくり仕事ができるから、とても贅沢で楽しい」と言う。

それまであまり本は読まなかったが、店にある本はお客さんにオススメするために読む。たとえば髪を切りながら家族や命などをテーマにした写真集を一緒に見て、そこからコミュニケーションが生まれたりするのも面白いそうだ。

美容室に来るということは、髪がきれいになるというだけでなく、美容師と話をしたりすることがストレス解消にもなるが、本を読んだり、コーヒーを味わったりすることでさらにトータルに癒される場所がつくられているようだった。

美の基準

真鶴町には前述したように「美の基準」というまちづくり条例がある。これはアメリカの有名な建築家クリストファー・アレグザンダーの名著『パタン・ランゲージ』をベースに真鶴なりの「良い町」の基準を定めたものだ。ここでいう「美」はbeautyというよりesthetic（感覚的）、sensuous（五感で

目　次

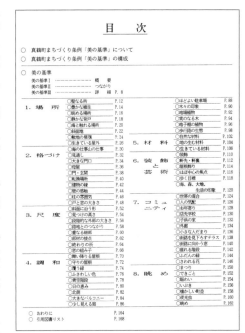

真鶴町まちづくり条例「美の基準」目次

感じる）といった意味合いだと考えたほうがいいだろうと私は思う。『パタン・ランゲージ』は人間が過ごしやすい、歩いて楽しい、生き生きとできる、あるいは子どもが社会化しやすい場所の要素を分析したものであり、逆にその要素を構成することで新しい町にも過ごしやすさ、楽しさ、生き生きとした感覚をつくり出すことができるという一種のマニュアルである。マニュアルというと軽いが、バイブルであると言っても過言ではない。

「美の基準」は具体的には「場所」「格付け」「尺度」「調和」「材料」「装飾と芸術」「コミュニティ」「眺め」という分類がされ、その中に「聖なる所」「豊かな植生」「眺める場所」「海と触れる場所」「壁の感触」「戸と窓の大きさ」「ふさわしい色」「少し見える庭」「地場植物」「実のなる木」「自然な材料」「世帯の混合」「人の気配」「店先学校」「子供の家」「小さな人だまり」「街路に向かう窓」「座れる階段」「ふだんの緑」「さわれる花」「懐かしい町並」など69のキーワードから構成される。『パタン・ランゲージ』を読んだことがある人ならニヤリとするだろう。それを真鶴流にアレンジして、真鶴の良さを、初めて訪れた人を虜にする理由を言語化しているのである。

こうしたたくさんの何気ないが心和む風景から真鶴の町の雰囲気が生まれている。しかしこうした風景は真鶴でなくても、日本中、世界中の昔ながらの町には必ず、姿かたちは異なっても本質的には同じようなものが存在しているはず（いたはず）である。

だが戦後の高度経済成長からバブルを経て現在でもまだ、そうした風景の破壊は

懐かしい町並

海と触れる場所

実のなる木

地場植物

さわれる花

街路に向かう窓

続いている。なんたって神宮の杜の木を切って再開発しようというのだ。世田谷・杉並あたりの住宅地だって、過去30年で生け垣も庭もなくなり、のっぺりしたプレハブ住宅に建て替わり続けている。

どうして再開発するのか。再開発したら便利になるからいいだろうというのが表

眺める場所

子供の家

小さな人だまり

向きの理由。でもその裏には、再開発しなければ仕事がなくなる会社があり、社員がいる、という事情がある。簡単に言えば経済と歴史・文化・景観の対立。なかなか解決しない課題である。

経済至上主義に疲れた人たちにとって真鶴はユートピアだ。必要があれば都心にも近い。長年大企業で働いてきた岡さんのような人にとっては、長年の疲れを癒す場所だろう。だが真鶴は一種の過疎地でもある。高齢化率は43・5％である。移住は多いがそれでも人口は過去5年で8％以上減っている。放っておいたらどうなるか、わからない。でも日本全体が今後毎年70〜100万人くらい人が減るのだ。開発すれば町の人口が増えるという単純な話ではない。

たまに出かけたくなる町

町の昔ながらの魅力を残しているからこそ移住者も増える、観光客も増える、そういう方向性が模索されねばならない。さらに言えば、ふと立ち寄りたくなる町というものも、思いのほか大事かも知れない。今回真鶴移住者に聞いた限りでも、ふと立ち寄って真鶴を好きになっている。移住しなくても何度か訪れるという人もいる。私も年に一度は行ってみたいと思う。

私は東京を中心にいろいろな町に出かけるが、高円寺は銭湯と小料理屋と古着屋が目当てで週に1、2度行く。ふと立ち寄ることはないが、高円寺は私にとってちょっとした気分転換の場所で、体と心をもみほぐしてくれる。吉祥寺や阿佐ヶ谷は何かの目的があって行くことが多いが、ちょっと様子を見に行くかと思ってぶらぶらすることもある。コロナでずっと家にいたときは仕事が終わるとストレス解消に井の頭公園まで行った。

住んでいる町、働いている街以外に、なんとなく出かけてみたい町というのは、たしかにある。ものすごく仲が良いというわけでなくても、久しぶりに顔でも見るかというくらいの友達がいるのと同じで、たまに出かけたくなる町というのもあるのだろう。いつも一緒の仲良しだけでは気づかないことに気づく、知らないことを知るという意味もある。毎週行くほど常連ではないが、3ヵ月に一度くらいは行きたい居酒屋というのもある。それくらいの町というのも必要だ。

役所用語だと交流人口の一つということになるが、観光ではない。伊豆や箱根などへの観光ではなく、お金もあまりかけないが、なんとなくたまに出かけたくなる町。そう思ってくれる人がたくさんいる地域というのもこれからは大事だろう。

そういう視点からも真鶴出版が行っている宿泊者のための町歩きはとても意味がある。単なる観光名所案内ではなく、真鶴の日常生活を案内してくれる。もちろん「美の基準」から見た真鶴も紹介してくれる。

真鶴のことを語り出すと止まらない來住さんを見ていて、私は彼女が、彼女が育ったニュータウンについても同じように語る日がくれば面白いのにと思った。彼女が違和感を感じたニュータウンも、きっと今は年老いて、あと10年もしたら真鶴のように超高齢化しているだろう。かつて良い会社、良い学校、良い家族という基準で縛られていた町も、これからは別の基準が必要だろう。そのとき來住さんのような町の解説者が必要になると思った。そして岡さんは、町役場で働いて、地域活動もして、町のこともっと知っていって、すぐに町案内をできるようになるだろう。そういう定年後は楽しそうだ。

初出：「ライフルホームズプレス」２０２３年４月30日

＊

以上、古着屋と街の関わり合いと、過疎地とも言える地域への移住について見てきた。今でも街は再開発でどんどん更新されているが、それは大量生産大量消費型のやり方である。これまでの日本では、生活全体が、古い生活は捨てられ、新しい生活に更新されてきた。服もクルマも家電も何もかも、新品を買って古くなると捨てていた。だがもう廃棄は許されない。古くなった街・町・地域でも、いたずらに再開発をするのではなく、店や家などが次第に世代交代し新陳代謝するというスローなやり方で変化することが望ましい。事業継承がもっとスムーズに進むようなマッチングも必要だ。

新しくできた店が新品を売る店とは限らない。古着屋や中古レコード屋ができて、古民家カフェや町家ホテルができる。京都なら当たり前にやっていることだが、地方でも同じだ。こういう方法こそが、古くなった街・町・地域には適している。人も古くなっているからだ。高齢化している、でも生き生きと働いて暮らす。ああ、生きててよかったなあとしみじみ思いながら暮らす。そういう社会でありたい。

あとがき

私は2012年に『第四の消費——つながりを生み出す社会へ』（朝日新書）を上梓した。これは過去約100年間の日本の消費社会を30年ごとに4段階に分け、2005年以降の30年間を「第四の消費社会」と名付けたものである。

「第四の消費社会」は、簡単に言えば、それまでの物質志向、拡大志向、私有主義、欧米志向が弱まり、心の豊かさ志向、素朴志向、人間関係（つながり）志向、シェア志向、日本志向が強まることを特徴とする。こうした傾向を促進したのは主に1995年と2011年の大震災、1997年の大手金融機関の破綻に代表される金融危機であると考えられる。

しかし昨年、『第四の消費』から10周年ということで、この理論を見直し、過去約100年間を23年ごとに区切り、「第四の消費社会」は1998年から2020年とし、2021年からは「第五の消費社会」と規定し、『永続孤独社会――分断か、つながりか？』（朝日新書）及び『再考　ファスト風土化する日本』（光文社新書）でその説を展開した。

「第四」が終わって「第五」がもう始まったと考えた一因はコロナ禍である。それにより「新しい生活様式」が発生したと、ある程度は言えるからである。

他方、それ以前から問題視されていたが、コロナ禍が助長したものとして「孤独」という問題がある。孤独化が進むほど人間同士のつながりが重要になると言えるはずであり、その意味で「第五の消費社会」では「第四の消費社会」の性格の中でも、人間関係（つながり）志向、シェア志向がさらに広がり、一般化していくと考えられる。

こうした私なりの思考のプロセスを経た上に本書はある。高齢化・未婚者の増加・離婚の増加・一人暮らしの増加は孤独を感じる人を増やす。したがって消費も、孤独を癒す・紛らわす・解消するための消費が増えるはずである。その消費は、物やサービスを買うことを通じて、あるいはSNSなどを通じて、あるいは普通は消費と呼ばれないような趣味的な行動をすることなどによって他者とのつながりを求める消費であろう。そのことを本書はある程度実証した。

しかし、コロナ禍がもたらした「新しい生活様式」は多くの場合、デジタル化・IT化とパラレルであったために、仕事や消費の脱人格化・無人化をもたらし、ひいては人間関係の希薄化を進めることにもなった。脱人格化・無人化は雇用の縮小であるだけでなく、もしかすると労働からの人間の疎外であるかもしれない。その意味で「新しい生活様式」は孤独化を助長したと言える。

あるいは、リモートワークが進んだことで家の中に朝から晩まで家族が一緒にいるため、ストレスが増え、そのことにより家庭内暴力が増え、離婚すら増えたという話もある。つまりリモートワークという「新しい生活様式」が皮肉なことに孤独を(一人になれる時間と空間を)求める人を増やしたのである。そのことは私の調査でも明らかである(『永続孤独社会』第4章)。コロナが5類感染症扱いとなったことで本当の意味での「ウィズコロナ時代」が定着していく過程で、実はますます「孤独な社会」が広く薄く定着するように思える。

もちろん他にも孤独化を進める理由はある。たとえば個人化・多様化が進み、個性と多様性に寛容になることは、ひとりひとりの人間の価値と尊厳を上げるのだと言われるが、よく考えてみると、価値と尊厳を下げることもないとは言えない。

たとえばLGBTの価値を上げることは、男らしい男や女らしい女の価値を下げるかもしれない。個性と多様性と言うなら、男らしい男も女らしい女も今まで通り認められるべきであるが、LGBTの価値を認めることによって男らしい男や女らしい女の価値が低下するように感じる人がいる。だからLGBTに反対する人がいるのである。そこに個人化・多様化の難しさがある。人種間の問題もそうである。

ジェンダー意識も人種意識も一種の共同性意識なので、それを疑わなければ孤独にならずに済むという面がある。その代わり、共同体の中心にいる人々がそうでない人々を差別・排除することもある。差別と排除をなくすことは良いことだが、それは共同体の紐帯《ちゅうたい》を弱めることにもなりうる。だから反発されるのだ。

このように「孤独化」は、個人化・多様化の時代の必然だとも思われる。だが、その点についてはとても難しい問題なので本書では扱わなかった。あくまで孤独と消費の問題を中心に論じた。

本書の半分を占める古着論については、古着の消費は孤独と相関しないので孤独論とは関係がないのだが、「第五の消費社会」を考える上では重要な仮説になると思っている。

「第五の消費社会」のキーワードを私は「5つのS」、つまり「Slow スロー、Small スモール、Sociable ソーシャブル、Soft ソフト、Sustainable サステイナブル」であるとした（『再考　ファスト風土化する日本』）。

ファストフードに対するスローフードがあるように、ファストファッションに対するスローファッションがあるとすれば、それが古着であり、手作りの服である。昔母親が家族のために編んだセーターを古着として着れば、それはスローな消費である。昔父親がテーラーであつらえた背広を古着として着れば、大量生産のスーツを買うよりスローな消費である。もちろん大量生産の服であっても、昔の服を着ることは、特に傷みを修理して着るようなら、新品を買うよりスローな消費である。そしてもちろんこれらは皆サステイナブルな消費である。

また古着屋はスモールである。もちろん大規模チェーンの古着屋もあるが、多くは個人店である。個人店の店主・店員はしばしば古着を売ること以上に、古着について客と語る・古着を買い付けに行った海外の国々の文化について語ることを好むという意味で、また、店のある町全体に対して働きかけようという気持ちを持つ古着屋が増えているという意味でもソーシャブルであると言える（事例レポート1参照）。このようなことから、古着・古着屋というものは「第五の消費社会」の一つの代表なのではないかと私は考えている。いつの時代にも時代の空気を先取りする職業があって、80年代はコピーライター、2000年代には裏原宿のファッションプロデューサーがそれだったが、2020年代は古着屋かもしれないとも思う。

古着ブームの話を中国人にするとかなり驚く。急激な経済発展を遂げたばかりの中国人には、古着はみすぼらしいものという感覚しかないからだ。もちろん日本の今の60代以上でもそういう感覚の人は多い。だが何度も話しているうちに中国人も次第に古着に関心を持ってきたなと私は実感している。

私は２０１７年以来、コロナ期を除けば、中国人ビジネスマンに毎月何度も講演をしてきているのだが、17年と23年とでも中国の社会・価値観の変化は激しいようであり、ますます日本と「第五の消費社会」理論への関心は高まっている。中国も同じようなプロセスをたどるのかという関心である。だから古着への興味も増すのである。実際中国でも富裕層に骨董ブームが起こっており、若者にも人気があるという。

古着屋さんと話していると彼らは「引き継ぐ」という言葉をよく使う。単に売る・買うではなく、古着をそれまで着ていた人から次に着る人に引き継ぐ、古着屋はそういう媒介役であるという気持ちがあるようだ。

この「引き継ぐ」という言葉は「第五の消費社会」の価値観をよく表しているかもしれない。連想で言えば、金継ぎも「継ぐ」のである。穴の空いた服に当て布をして縫い付けることを昔は「継ぎを当てる」と言った。古い物を活かしてまた使えるようにするというニュアンスが「継ぐ」にはある。今はそんなことはあまりしないから半分死語になってしまった。

「お店を継ぐ」とも言う。「跡継ぎ」とも言う。それまであったものを未来につないでいくことを日本人は「継ぐ」と言ってきたのである。

「第五の消費社会」的なまちづくりの具体例としては『再考　ファスト風土化する日本』に最新事例を挙げておいたが、そこで紹介したBONUS TRACKは、下北沢という、個性的な若者がいて、個性的な店がある街としての遺伝子を引き継いだ開発であった。第一生命のSETAGAYA Qs-GARDENも、第一生命の土地と思想を引き継いだ開発である。大規模な開発でも「引き継ぎ」は重視され始めているようだ。だとしたらうれしいことだ。

もちろん「第五の消費社会」はまだ始まったばかりであり、私も自信を持って言っているわけではない。だが消費社会の発展段階を人間の人生にたとえるなら、

第一の消費社会　誕生から10歳までの幼年期
第二の消費社会　肉体的成長・発達の著しい少年期・青年期　10～30歳
第三の消費社会　精神的発達を遂げ、働き盛りとなる壮年期　30～50歳
第四の消費社会　築き上げた基盤の上に成熟をする中年期　50～65歳
第五の消費社会　人生の最終段階で洗練を極める高年期　65歳以上

と言えるのではないかと思う。古着を着こなし、あるいは生活の隅々においても新しい物をいたずらに買い漁るのではなく、すでにある古い物を活かし、古い建物や街を維持し、思想や芸術についても古典を見直しながら充実した生活を楽しむことができるならば、それは正に洗練と言うべきであろう。

戦争はいつまでもなくならず、サステイナブルであるために原発を使うという大きな矛盾を抱える世界であるが、人々の多くが生活の洗練を求めるならば、そこに社会の正しい到達点が見えてくるだろう。

２０２３年夏　著者

【著者】
三浦展（みうら あつし）
社会デザイン研究者。1958年新潟県生まれ。一橋大学社会学部卒業。パルコ『アクロス』編集長、三菱総合研究所を経て、99年、カルチャースタディーズ研究所を設立。消費社会、家族、若者、階層、都市などの研究を踏まえ、新しい時代を予測し、社会デザインを提案している。著書に『下流社会』（光文社新書）、『再考 ファスト風土化する日本』（編著、光文社新書）、『第四の消費』『永続孤独社会』（以上、朝日新書）、『3・11後の建築と社会デザイン』（共編著、平凡社新書）、『商業空間は何の夢を見たか』（共著、平凡社）など多数。

平凡社新書１０３７

孤独とつながりの消費論
推し活・レトロ・古着・移住

発行日――2023年9月15日　初版第1刷

著者――三浦展
発行者――下中順平
発行所――株式会社平凡社
〒101-0051 東京都千代田区神田神保町3-29
電話　(03) 3230-6573［営業］
ホームページ https://www.heibonsha.co.jp/
印刷・製本―図書印刷株式会社
装幀――菊地信義

ISBN978-4-582-86037-5